Por causa do pior

Dominique Fingermann
Mauro Mendes Dias

POR CAUSA DO PIOR

ILUMINURAS

Copyright © 2005
Dominique Fingermann e Mauro Mendes Dias

Copyright © desta edição
Editora Iluminuras Ltda.

Capa
Eder Cardoso / Fê
sobre detalhe modificado digitalmente de *O triunfo da morte*, óleo sobre tela, Pieter Brueghel "O Velho" (1530-1569). Cortesia Museu do Prado (Espanha).

Revisão
Ariadne Escobar Branco
José Feres Sabino

Dados Internacionais de Catalogação na Publicação (CIP)
(Câmara Brasileira do Livro, SP, Brasil)

    Fingermann, Dominique
        Por causa do pior / Dominique Fingermann, Mauro Mendes Dias. —
    São Paulo : Iluminuras, 2005 - 1. Reimpressão, 2019.

ISBN 85-7321-215-2

1. Psicanálise I. Dias, Mauro Mendes.

    05-2786   CDD-150.195

Índice para catálogo sistemático:
1. Psicanálise : Ensaios : Teorias : Psicologia
                                      150.195

2019
EDITORA ILUMINURAS LTDA.
Rua Inácio Pereira da Rocha, 389 - 05432-011 - São Paulo - SP - Brasil
Tel./Fax: 55 11 3031-6161
iluminuras@iluminuras.com.br
www.iluminuras.com.br

ÍNDICE

NINGUÉM É SUBSTITUÍVEL 11
Marco Antônio Coutinho Jorge

INTRODUÇÃO 15
Dominique Fingermann e Mauro Mendes Dias

DOMINIQUE FINGERMANN

O NOME E O PIOR 21
A insustentável leveza do ser, 21
"Se achar" e não se encontrar, 23
As identificações freudianas, 25
    1. Experiência de satisfação — traço mnêmico — identidade de percepção, 27
    2. Personalidade múltipla, 28
    3. Identificação histérica, 28
    4. As identificações nas "formações do inconsciente":
    no trabalho do sonho e no chiste, 29
    5. Identificação narcisista, 29
    6. Identificação primordial ao Ideal do Ego, ao pai, 30
    7. As três modalidades de identificação, 31
    8. O aparelho psíquico da "segunda tópica", 31
A identificação lacaniana: o Um, o Outro e o Resto, 33
    1. Do mito à lógica, 33

2. A identificação imaginária, 34
3. Princípio de identificação, 35
4. "Um significante representa um sujeito", 36
5. "O que perdura de perda pura", 39

A PSICOTERAPIA RETORNA AO PIOR 41
De que pior se trata?, 43
O que fazemos quando fazemos análise?, 47
A psicoterapia retorna ao pior, 52
Ética do desejo e *bon-heur*, 56

SINTOMA... OU ANGÚSTIA 59
O tratamento do pior pelo mal, 60
Do mal ao pior, 62
O traumatismo do nascimento, 63
A psicanálise não protege da angústia, 64
O fantasma, por pior que seja..., 65
Do sintoma à angústia, 67
A reviravolta do sintoma, 69

OS DESTINOS DO MAL:
PERVERSÃO E CAPITALISMO 73
Perplexidade, 73
As advertências dos filósofos, 74
O princípio do pior: o avanço de Freud, 75
O laço social: quatro discursos... Ou pior, 76
A Escola de Frankfurt, 79
A Sociedade do Espetáculo, 81
A submissão dos homens vivos, 82
Os destinos da pulsão, 83
A dimensão do imaginário, 84
A função do fetiche na perversão, 85
As manobras da cultura de massa, 86
A indústria cultural e o mercado de imagens, 88
Resistências, 90

OS PASSADORES DO PIOR
BECKETT, BLANCHOT, DURAS: TRAVESSIAS 93
Os escritores criativos e os psicanalistas, 97
Passagens do pior, 98
O jogo do desejo *Détruire — dit-elle* de Marguerite Duras, 99
O engodo monstruoso do fantasma em *Thomas L'obscur*
   de Blanchot, 101
A ironia do *sinthome* em *L'innominable* de Samuel Beckett, 103

MAURO MENDES DIAS

ATRAVESSAR O PIOR 107

POR CAUSA DO PIOR: INCIDÊNCIAS CLÍNICAS 109

O PROBLEMA DA IDENTIFICAÇÃO
NA POSIÇÃO DEPRESSIVA 119
O problema, 119
Identificação e gozo, 119
Depressão: síndrome e posição, 120
A covardia moral e seus sintomas, 121
Ser deprimido e foraclusão do sujeito, 123
Capitalismo farmacêutico, 124
Sono e sonho na depressão, 125
O problema da identificação, 127
Discurso da histeria e discurso da ciência, 128
Medicação e medicalização do sujeito, 129
Ouvindo o Prozac, 131
Foraclusão na ciência e desejo do psicanalista, 132

O PIOR DA CIÊNCIA: UM MÁRTIR DO NOME 137

O FASCÍNIO DO PIOR:
MODA E MERCADO DO OLHAR 151

QUANDO O SONHO PIORA:
SONAMBULISMO E MODERNIDADE 161

SOBRE OS AUTORES 173

NINGUÉM É SUBSTITUÍVEL

A psicanálise está aí: nas pós-graduações das universidades; na estrutura da argumentação e nos comentários, pontuais e lúcidos, no jornal e na televisão; nas crônicas, na imprensa; nas peças teatrais; na internet; nos inúmeros e diferentes encontros promovidos pelos analistas dentro e fora de suas instituições em todo o país; na produção bibliográfica dos psicanalistas brasileiros e no movimento editorial que ela suscita. Vê-se que nossa listagem poderia prosseguir indefinidamente...

É a força desse intenso movimento da psicanálise brasileira atual que o leitor poderá comprovar nesse livro, movimento que se deve, é preciso dizer, ao fértil enraizamento do ensino de Lacan em nossa comunidade psicanalítica.

As produções teóricas de Mauro Mendes Dias e Dominique Fingermann aqui reunidas são o fruto mais recente dessa potência dinâmica de nossa psicanálise, que, cada vez mais, atrai os psicanalistas de todo o mundo para trabalharem conosco. Dinâmica que se revela também pelo rico diálogo que se estabelece quando se conjugam distintas pertenças institucionais e distintos percursos teóricos.

Fruto de um seminário conjunto proferido em lições alternadas (como num diálogo) por cada um dos autores, esse livro traz ao leitor a palavra do analista diante de um mundo que coloca incessantemente novas questões, daí a pluralidade dos temas que são abordados.

Seus textos se inscrevem no assim denominado — pelo próprio Lacan — de campo lacaniano *ou* campo do gozo. *O verdadeiro empuxo ao gozo assumido pela posição fantasística da cultura contemporânea — mergulhada, inconscientemente, no discurso do capitalista — parece pedir agora de modo insistente, tal como na música* Die another day *(do último cd de Madonna), que parece invectivar desafiadoramente de um megafone instalado no alto de uma torre em Time Square:* — Dr. Sigmund Freud, analyse this, analyse this, analyse this...

O leitor poderá perceber o quanto a heterogeneidade dos temas escolhidos é emblemática dos problemas atuais da cultura. Em todos, há como que um denominador comum que os autores querem sublinhar: as múltiplas faces do pior. *Do processo de identificação à angústia e ao sintoma, do* Big Brother *à toxicomania, da depressão e do sonambulismo ao* Unabomber, *o desfile temático contempla os dois vieses destacados por Lacan na ação do discurso psicanalítico no mundo: a psicanálise em intensão, ou seja, as questões levantadas pela experiência clínica, intensiva, da psicanálise em sua particularidade; a psicanálise em extensão, isto é, a conexão da psicanálise com os outros ramos do saber e da cultura.*

*O apagamento do sujeito, seu silenciamento ou até mesmo sua explosão (*Unabomber*), é o tema central dos artigos de Mauro Mendes Dias, que tratam especialmente da identificação proporcionada pelos significantes da ciência que pretendem significar o sujeito, reduzi-lo a um sentido unívoco, o que é o mesmo que apagar sua divisão constitutiva: o sujeito não mais "conta em sua particularidade, tampouco em sua divisão". Exemplar disso é a medicação para o "deprimido", para a criança "hiperativa", para o "ansioso". Ideal contemporâneo, a medicação ostenta no dia-a-dia da sociedade a íntima associação estabelecida pelo capitalismo com a ciência. Forjam-se novas "patologias" com as quais justificar a fabricação de novos "remédios" com os quais lucrar. Como formula Dominique Fingermann, no discurso do capitalista o objeto vem tamponar o sujeito dividido e, nesse sentido, sua lógica é a mesma da toxicomania: o excesso, o de mais. Filme pornô, em que* tudo, *sem exceção, é mostrado.*

Como sublinha Mauro, nossa época é plena de "descobertas" que expulsam o sujeito. Desse apagamento do sujeito, o sonambulismo surge surpreendentemente como uma espécie de paradigma oculto: seu diagnóstico corresponde à isenção da responsabilidade do sujeito quanto a seus próprios atos. Assim, o despertar do sono profundo no qual a cultura se acha mergulhada é recusado de uma vez por todas. Será que nela restam apenas as noites de reveillon com seu despertar pontual e evanescente de um ano inteiro de devaneio?

Mas resta igualmente a arte, na qual se centra particularmente a atenção reflexiva de Dominique. A criação artística suporta, como a psicanálise, a hiância que se quer apagar. Os poetas e escritores são aqueles que dão seu testemunho ao mundo de que é preciso encontrar palavras para fazer face ao i-mundo (Lacan). Dominique aponta que na estetização cinematográfica da violência, ensina-se, pela hipnose fantasística, a gozar. A gozar do pior. Aonde não há sonambulismo, este deve ser produzido: o Big Brother, achatamento patético, ignóbil, convulsivo das massas, impõe o logro de que tudo é passível de ser visto, espiado. Onde nada será expiado. Onde não haverá silêncio, só palavra vazia. Ou psicoterapia. Quando se sabe que o invisível é o que importa, porque suporta a imagem. Assim como o inaudível suporta o som. E o intangível, a realidade.

A psicanálise não está em crise, afirmação que o próprio Freud, ironicamente, afirmava ouvir desde os primeiros tempos em que ela surgiu. O mundo, este sempre esteve em crise. E no mundo contemporâneo, mais do que nunca a psicanálise se afirma como o discurso que permite compreendê-lo. É por isso que a psicanálise, aonde ela há, está firme e forte. Mais do que nunca, ela é um lugar — partilhado com a experiência artística — reservado ao sujeito do desejo que, avesso à neurose da religião, à perversão do capitalismo e à loucura da ciência, afirma o contrário de seus porta-vozes, que há décadas cantarolam o mesmo refrão de que "ninguém é insubstituível".

Mas a psicanálise possui a vocação búdica do despertar — o desejo do psicanalista não é passível de ser definido simplesmente como o desejo de despertar? *Pois se a psicanálise é o discurso que resguarda o lugar do sujeito, é porque ela sustenta que o sujeito tem algo a dizer que ninguém mais poderia dizê-lo em seu lugar. É a escuta dessa singularidade o que se perfaz nesse volume. Pois para a psicanálise, ninguém é substituível.*

Marco Antonio Coutinho Jorge[*]
Rio de Janeiro, 10 de junho de 2004

---

[*]) Psicanalista. Diretor do Corpo Freudiano do Rio de Janeiro, Professor-adjunto do Instituto de Psicologia da UERJ.

INTRODUÇÃO

Colocar o pior em causa, eis a idéia do seminário *Por causa do pior* que surgiu a partir do encontro dos autores em torno da discussão sobre o fim da análise. A discussão implicava tanto a questão do termo quanto a da finalidade da experiência da psicanálise, apontando para a problemática da formação analítica: o que transforma um sujeito em psicanalista no decorrer de uma análise? Quais fins, no final das contas, justificam os meios? Essa discussão sobre a intensão da psicanálise provocou essa série de dez palestras oferecendo ao debate as elaborações dos autores sobre diversas questões relativas à psicanálise na sua extensão. Se o marco inicial foi, portanto, a especificidade da ética da psicanálise que sustenta a sua práxis; o segundo passo foi a responsabilidade desta ética singular frente aos problemas cruciais que não cessam de surgir na civilização, exasperando o seu mal-estar.

Há um atrevimento nesta proposta talvez pretensiosa, mas ela indica uma preocupação política, premissa de qualquer compromisso. É necessário falar mais precisamente, mais conseqüentemente, sair do silêncio, pois não se pode confundir o silêncio do analista com omissão. É possível falar como analistas, podemos nos autorizar a falar, porque esta coisa, o pior, que transborda em escala universal e em espetáculo multimídia, é da mesma espécie que aquilo que Lacan chamou *a coisa freudiana*, a coisa de que a psicanálise trata. A **coisa** que simultaneamente **causa** o ser humano na sua singularidade e provoca os transbordamentos que o estorvam na forma de neurose, psicose e perversão.

No avesso do discurso do mundo que sistematiza, galvaniza, potencializa, universaliza, globaliza os recursos humanos até nos seus objetos mais íntimos de satisfação, a psicanálise trata de tratar o pior, a "coisa", não como resto a excluir, mas como causa a produzir e a reduzir. No avesso da psicanálise o mundo infla a sua versão do melhor dos mundos possíveis e inflaciona as perversões do humano que conduzem a humanidade ao i-mundo: segregação, miséria, desamparo, tédio, depressões e outras guerras, outras versões do pior.

O insustentável do ser, a sua leveza, é um dos nomes da "coisa freudiana", do pior em causa no humano desde o começo. O humano se inicia com a identificação inaugural, que inaugura tanto a sua humanidade quanto o impasse que determina a permanência das ocorrências do pior.

A psicanálise constitui uma experiência específica de acolhimento deste impasse. Ela é específica, desde que se apresenta como experiência dupla-face de fala e de transferência. **Falar** todo o possível, é a regra que condiciona a experiência e a emergência da **transferência**.

A emergência da **transferência** é congruente com o que se faz quando se depara com o impossível de ser dito. A transferência é o que se faz quando falha a fala e se encontra o silêncio, do Outro, o seu limite, o princípio de sua alteridade. É assim que a experiência da psicanálise abre uma cena Outra: a cena do inconsciente. Na cena do inconsciente que a psicanálise explora, trama-se o drama subjetivo do saber com a verdade do ser. A verdade do ser é impossível de ser dita em sua totalidade, a verdade é sempre aquém do real, a verdade é "não-toda".

A experiência da psicanálise acolhe a queixa de quem sofre da insustentável leveza do ser e a envereda na via do sujeito suposto ao saber possibilitado pela fala.

"Eu não sei quem eu sou... eu não sou quem eu quero etc.": assim começam as análises com recorrentes questões de identidade à deriva, identificações falhas, fracassadas, encontros equivocados. A psicanálise não vai interpretar essas questões e derivas do ser como signos distintivos da depressão, redução semiológica da qual a ciência medica se encarrega, mas vai levá-las a sério, no intuito de subvertê-las e demonstrá-las como decorrentes da estrutura falha do humano, da leveza insustentável do seu ser, e não simplesmente relativas a circunstâncias infelizes, maldosas ou bioquímicas.

O propósito desta série de palestras remete à aposta implícita de qualquer experiência da psicanálise: podemos ou não, a partir do discurso psicanalítico, testemunhar de um certo saber, um saber que inclua o seu limite, um saber que preste e que sirva para tratar dos impasses do humano? O discurso da psicanálise, que se presta ao ato e ao singular, pode ou não entrar numa dialética com outros discursos?

A proposta implícita no título *Por causa do pior* pretende precisamente promover uma tentativa de debate:

1. A partir da experiência da psicanálise e da estrutura do sujeito que nela se desenvolve (se transfere), pretendemos expor como o pior demonstra-se *causa* da estrutura humana do qual ele é também *efeito*. Usamos o termo "pior" no sentido do extremo, do cúmulo do mal, mas, sobretudo como o avesso do ideal, do bem supremo sonhado pela filosofia, pela religião e pela ciência. Usamos o termo "causa" em referência à releitura lacaniana da teoria das causas aristotélicas.
2. Pretendemos averiguar quais são as modalidades e/ou os avatares possíveis desse pior em causa, cingir as conseqüências patológicas da lógica humana que conta o pior como sua causa (paranóia, perversão, melancolia, depressão, angústia).
3. Almejamos enfim, participar da indagação ética da qual os psicanalistas não podem se omitir: como a "civilização" e sua suposta "excelência" está tratando dos efeitos do pior no laço social?

Dominique Fingermann desenvolve a questão em cinco etapas que apresentam uma continuidade e uma coerência na tentativa de responder à proposta inicial.

"O nome e o pior", parte da seguinte premissa: há implicação do pior como causa na estruturação do ser humano, a partir do mecanismo chamado "identificação".

"A psicoterapia retorna ao pior" considera o tratamento específico que a experiência da psicanálise oferece para o pior em causa, almejando explicitar como a política do bem-estar praticada por certos tipos de psicoterapias pode, ao desrespeitar esse princípio do humano, conduzir ao pior do pior.

"Os destinos do mal: perversão e capitalismo" abre a questão polêmica da articulação paradoxal entre civilização e perversão. A perversão é considerada como uma das modalidades possíveis do pior, trata-se aqui de explorar como a dita civilização, na sua sustentação moderna no "Discurso Capitalista", fomenta e pactua com essa modalidade sinistra de ser.

"Sintoma... ou angústia" propõe, uma exploração clínica da resposta ao pior do lado da angústia e do sintoma, e da experiência de uma análise como atravessamento da angústia.

"Os passadores do pior" empresta os caminhos da literatura para evidenciar outros tratamentos possíveis da coisa, do caso, do caos, da causa do pior; a arte é um tratamento que faz do ocaso ocasião. Para além da angústia e sabendo transformar a armadilha do sintoma em artimanha, a escrita pode testemunhar e/ou proporcionar à civilização travessuras e travessias do pior que não sejam de gozação nem de exibição perversa.

Mauro Mendes Dias por sua vez propõe cinco veredas para "atravessar o pior", já que "a conquista do pior é o ponto do qual se parte para realizar seu atravessamento".

"Por causa do pior: incidências clínicas". Parte de uma retomada dos Seminários de Jacques Lacan intitulados "Ou pior" e "O saber do psicanalista", de forma a situar as implicações clínicas que o conceito de pior introduz na condução dos tratamentos, assim como no laço social.

"O problema da identificação na posição depressiva". Aborda a questão da depressão distinguindo-a da acepção psiquiátrica, a partir da qual o problema da identificação ganha sentido. Mais além, introduz o discurso da ciência e o discurso do capitalista como os dois elementos necessários para retomar a dinâmica subjetiva dos sujeitos que ocupam tal posição.

"O pior da ciência: um mártir do nome". O centro de atenção desse artigo gira em torno do caso do terrorista chamado Unabomber, com quem o autor manteve uma troca de cartas, desde a prisão. Articula-se também de que maneira se estabelece o liame entre a ciência e a paranóia, enquanto uma questão que toca intimamente a relação do psicanalista com o saber.

"O fascínio do pior: moda e mercado do olhar". A abordagem da Moda tem como objetivo dar destaque ao objeto olhar como o elemento que situa um tipo de instrumentalização privilegiada na contemporaneidade. Conectado a esse ponto, revela-se o funcionamento do mercado como uma estrutura que dá caução à problemática dos gozos, em sua dimensão pública e privada.

"Quando o sonho piora: sonambulismo e modernidade". A partir da experiência clínica com sujeitos que foram sonâmbulos, procura-se distinguir a abordagem psicanalítica, da neurológica. Nessa direção, retoma-se o problema do ato e da responsabilidade enquanto questões que o sonambulismo introduz para o campo jurídico, a partir das ciências do cérebro.

No momento em que escrevemos essa Introdução, passaram-se quase dois anos do final do Seminário, agora publicado.

A editoração dessas dez palestras não se preocupou em dispensar totalmente o estilo da comunicação oral. Esse estilo falado não constituiu um mero aspecto formal das conferencias pois desde o seu projeto elas foram motivadas e tramadas pelo dialogo entre os dois autores, ou seja a contingência e a produção, o encontro e a alteridade. Esse diálogo prosseguiu ao longo do ano implícita ou explicitamente incluindo também o publico presente e sobretudo as pessoas que ao longo do ano contribuírem para a tessitura dessa reflexão com seus comentários precisos e contundentes. O debate (não publicado aqui), experiência decisiva para a realização do Seminário, tencionou a idéia e a sustentação dessas palestras e o dialogo com os debatedores e teça o texto aqui publicado.

Agradecemos e Incluímos, portanto como destinatários privilegiados de nossas indagações os seguintes comentadores cujo rigor e despertar, compareceram como os efeitos mais decisivos nas nossas elaborações:

— Plínio Montagna (Psicanalista, Sociedade Brasileira de Psicanálise de São Paulo)
— Nina Virgínia de Araújo Leite (Psicanalista, Escola de Psicanálise de Campinas)
— Ângela Vorcaro (Psicanalista., A.L.I.)

— Isleide Arruda Fontenelle (Pesquisadora)
— Caterina Koltai (Psicanalista e Socióloga)
— Olgária Matos (Filósofa, USP)
— Márcio Peter de Souza Leite (Psicanalista, Escola Brasileira de Psicanálise)
— Berta Waldmann (Professora de Literatura, USP)

Dominique Fingermann e Mauro Mendes Dias

O NOME E O PIOR

> O que induz a gente para más ações estranhas, é que a gente está pertinho do que é nosso, por direito, e não sabe, não sabe, não sabe!
>
> *J. Guimarães Rosa*[1]

A oposição entre "o nome" e "o pior" anuncia o pior como uma dimensão humana que os nomes não alcançam. Walter Benjamin descreveu esta impossibilidade quando se referiu ao mutismo dos soldados que voltavam da Primeira Guerra Mundial. No entanto, alguns, Primo Levi e Jorge Semprun, por exemplo, souberam usar a escrita para contar o impossível testemunho dos horrores dos campos de extermínação.

O pior transborda o nome, o laço, a civilização, a não ser que se saiba usar todos os nomes possíveis com sagacidade e desenvoltura, lógica e poesia, para contornar o pior e dar a volta por cima.

A INSUSTENTÁVEL LEVEZA DO SER

Há implicação do pior como causa na estruturação do ser humano desde o mecanismo inaugural chamado "identificação".

A identificação é a passagem de um ser paradoxalmente sem essência a um sujeito inexoravelmente evanescente.

A identificação é o recurso do humano que responde à ausência de identidade do ser consigo mesmo: a insustentável leveza do ser. O

---

1) GUIMARÃES ROSA, J. *Grande Sertão: Veredas*. Rio de Janeiro, Nova Fronteira, 1997, p. 82.

insustentável do ser, a sua leveza, é um dos nomes do pior que causa o humano desde o começo, desde a sua identificação inaugural. Os nomes são responsáveis pela identificação do sujeito, mas isso não protege o humano do pior. A identificação pelo Outro, isto é, deixar-se representar pelo nome que vem do Outro (a alteridade do simbólico), é um recurso salvador e humanizador, porém falho, que marca indelevelmente uma falha interpretada como falta, falta de ser.

Falamos em "processo" de identificação, porque a identificação humana não é um dado, não é um *a priori* do ser humano, herdado geneticamente. É um processamento de dados que tem procedência, tem um marco, um ponto de origem, uma identificação primordial, ou originária, que funda o processo e toda a série das múltiplas identificações que caracterizam um sujeito.

A *identificação* é o processo necessário à *humanização*, que notamos geralmente como *subjetivação* evocando o duplo aspecto de sujeição e distinção. A *constituição* do sujeito, a sua *estruturação* são termos freqüentemente usados para explicar esse mesmo processo e sua lógica a partir da *estrutura* do significante, dividindo o sujeito entre seus nomes e seu inominável. Lacan precisa esse processo como *causação do sujeito*, discriminando aí dois tempos de produção do sujeito: a alienação (a passagem pelo Outro) e a separação (a distinção: tornar-se distinto).

A identificação é o processo de humanização que ao se efetivar deixa de lado uma parte maldita que, embora excluída, constitui o cerne, o âmago do ser humano. Esse âmago, ponto de exílio do ser, é o que ele tem de mais humano, embora quase sempre esteja revestido pelas aparências mais inumanas possíveis.

A identificação é o processo inicial da humanização, que é também um primeiro tempo de civilização, desde que inaugura o laço social. Mas, como explicita Freud, a civilização, ao excluir a parte maldita, a inclui como seu mal-estar necessário. O mal-estar na civilização é um eufemismo para falar do pior, comenta Colette Soler.

"SE ACHAR"[2] E NÃO SE ENCONTRAR

Mas depois de tanto tempo, e de tanta civilização, será que é mesmo tão problemático ser humano? Basta abrir os olhos, os jornais, escutar o vizinho ou o filho, assim como os sujeitos em análise, para perceber que a identificação é um problema para o humano; não se trata de uma questão acessória, ou acidental, nem de um capítulo reservado da pesquisa dos analistas. A questão é grave, misteriosa, espantosa, dolorosa: por onde o ser humano anda para se encontrar? Tantos se "acham" e não se encontram![3] E se é tão difícil se encontrar, como conseguem se perder tão facilmente? Como cada um faz para ser? Como cada um faz para ancorar, afirmar sua existência, já que nenhuma essência dada e garantida jamais o confirmará na sua individualidade distinta e única? Como cada um faz para suportar a insustentável leveza do ser?

Esta expressão, emprestada de um romance de Milan Kundera, tem uma ressonância imediata e íntima para cada um de nós. A insustentável leveza do ser causa o necessário recurso humano à identificação ao Outro. Este recurso é necessário para sair do nada e da indistinção, mas transforma a leveza insustentável no peso da *falta a ser*, pois se uma parte se encontra na identificação ao Outro, na identificação pela linguagem e pelos símbolos que permitem representar, "*a outra parte é ninguém... fundo sem fundo... estranheza e solidão... espanto..., vertigem*", como diz Ferreira Gullar[4] no seu poema "Traduzir-se". Uma parte é amparada, obrigada, forçada; a outra, tão leve que é insustentável.

Os avatares dessa leveza e os equívocos dos processos de identificação — às vezes suas proezas — são escancarados quotidianamente no mundo: abram o jornal: "Mundo", "Cidades", "Esportes", "Cultura" também, e ficarão bem informados, espantados, admirados, fascinados, estupefatos: O que é isso? Por onde o ser

---

2) "Se achar": expressão de gíria adolescente que denota a vaidade e a suficiência; "se achar e não se encontrar" denota uma pessoa vaidosa que exibe uma solução de identidade mas nem por isso se encontra.
3) Idem.
4) FERREIRA GULLAR (José Ribamar Ferreira). "Traduzir-se", *A vertigem do dia*. Poesias. 2. ed. Rio de Janeiro, Editora José Olympio, 2004.

humano anda para se encontrar? Como eles fazem para ser? Como cada Um faz para ancorar, afirmar, a sua existência? "Isto é um homem?"[5]

Os recursos de "humanização" dos homens singulares e dos grupos que eles inventam são espantosos, como podemos constatar nos movimentos de multidões: massas eleitorais, massas de manobra, torcidas, multidões em guerra, outros milhões segregados, outros cem mil se juntando para orar, 20.000 para dançar e se "extasiar"...

Tem as multidões, e seus líderes, as igrejas, os exércitos, as hordas selvagens, os VIPs, os guetos, as margens, as massas, e as exceções, Eu e os Outros. Tem os destaques, os que conseguem se distinguir, às vezes pelo melhor, muitas vezes pelo pior, como se eles conseguissem com algum fato notável se fazer um nome, fazer essa façanha de transformar o nome comum em nome próprio, e então eles se tornam heróis de novas multidões que vão usá-los para ancorar um pouco, fixar por um instante este ser tão leve, tão volátil, tão fútil, tão carente, indigente, insustentável.

> "Que sei eu do que serei, eu que não sei o que sou?
> Ser o que penso? Mas penso tanta coisa!
> E há tantos que pensam ser a mesma coisa que não pode haver tantos!
> Gênio? Neste momento
> Cem mil cérebros se concebem em sonho gênios como eu,"[6]

Ainda bem que temos os poetas para fixar em algum lugar as palavras do insustentável!

A filosofia, desde sua origem e ao longo de sua história debateu e se debateu com esta questão metafísica e ontológica; além da *physis*, o que assegura o ser? E mesmo se a religião, em primeiro lugar, e a ciência a seguir pareceram invalidar qualquer dúvida, mesmo se os filósofos, um após o outro, parecem responder à questão, a filosofia manteve a indagação viva ao longo da sua história: O que garante a identidade? Qual é o princípio único das coisas? Qual é a substância do ser?

De uma certa forma, o ponto de partida da psicanálise é este mesmo ponto, constitutivo da aporia da filosofia, assim como da

---

5) LEVI, Primo. *É isto um homem?* Rio de Janeiro, Rocco, 1997.
6) PESSOA, Fernando. "Tabacaria", *Obra poética*. Rio de Janeiro, Nova Aguilar, 1983, p. 297.

ocultação da religião e da denegação da ciência. Sem dúvida foi assim que a psicanálise, desde a sua partição em relação aos outros discursos, pelo avesso do Discurso do Mestre, conquistou e preservou seu valor e sua validade, para que haja um lugar no mundo onde se acolha a insustentável leveza do ser.

AS IDENTIFICAÇÕES FREUDIANAS

Freud, antes de qualquer coisa, escutou a dor e soube ouvir que a *varidade*[7] dos sintomas manifestava uma verdade dolorosa: a dor de existir. O âmago do sujeito, apesar de todas as astúcias do princípio de prazer, permanece irrepresentável e intangível: "recalque originário". O âmago do sujeito, o que ele é, além de todas as aparências, a coisa em si, *das Ding*, ex-siste, está fora, irremediavelmente perdido, fora de toda representação possível. Deste silêncio primordial e de seus ecos no corpo e no pensar, Freud deduziu o inconsciente e a pulsão, assim como as suas conseqüências subversivas e definitivas para o sujeito freudiano: "não sou onde penso, não penso onde sou".

> Nesta densa selva de palavras — disse Clarice Lispector — que envolvem espessamente o que sinto e penso e vivo e transforma tudo o que sou em alguma coisa minha que no entanto fica inteiramente fora de mim. Fico me assistindo pensar. O que me pergunto é: quem em mim é que está fora até de pensar?[8]

A descoberta freudiana mostrou e generalizou o que os poetas pressentiam, isto é, como o ser humano está definitivamente comprometido, inadequado, dividido, exilado, *Lost in translation* — conforme enuncia o título de um filme recente.[9]

---

7) LACAN, Jacques M.E. "Il faudrait voir s'ouvrir à la dimension de la vérité comme variable" ("L'insu que sait de l'une bévue s'aile à mourre", Seminário XXIV, 1976-1977, 19.04.1977. *Ornicar?*, ns. 12, 13, Paris, 1977). "Tratemos de nos abrir à dimensão da verdade como variável". Varité/Varidade é um neologismo lacaniano combinando verdade com variedade.
8) LISPECTOR, Clarice. *Água viva*. Rio de Janeiro, Rocco, 1998 (ed. revista), p 73.
9) COPPOLA, Sofia. *Lost in translation*, filme de 2003 traduzido em português como *Encontros e desencontros*.

Desde essa partição, o sujeito cartesiano do *penso, logo sou* vê-se reduzido a uma hipótese cujo valor de verdade pragmática foi certamente confirmado pela marcha da ciência. Embora o poder do pensamento e seu domínio sobre a natureza tenha sido mais do que verificado, a validação do enunciado cartesiano pela ciência não dispensou, não reduziu o resto da equação: a insustentável leveza do ser, que não se deixa reduzir (pelo pensamento), que não se deixa esquecer (pelo inconsciente).

Vale observar que, quando Freud, após 1920, tenta sistematizar a questão da identificação, ele relaciona sua elaboração conceitual com a recente descoberta da pulsão de morte, de um lado, e com a questão da psicologia dos grupos, do outro. O texto *Além do princípio do prazer*,[10] em 1920, firma a conceitualização da pulsão de morte, transformando-a em princípio. O além do princípio de prazer é o princípio do Pior, do qual Freud tira as conseqüências para a organização psíquica do sujeito e suas incidências nos laços sociais. Foi isso que ele desenvolveu no texto seguinte: *A psicologia de grupo e a análise do ego*[11] (1921), que expõe o mecanismo e o problema da identificação e suas conseqüências no laço social, nas multidões e nos grupos organizados como a igreja e o exército. E finalmente, em *O Ego e o Id*,[12] de 1923, Freud expõe o aparelho psíquico de acordo com sua "segunda tópica", incluindo dentro das instâncias do sujeito o princípio dessa nova dinâmica que se manifesta na repetição.

Este tema e dilema da articulação do mais íntimo do ser humano com o coletivo e a civilização será retomado no *Mal-estar na civilização*.[13]

A questão da Identificação, como todos os outros conceitos da psicanálise, surgiu da necessidade de ordenar o que a clínica permitia observar. Podemos coligir nos textos freudianos os pontos fundamentais da descoberta desse fenômeno a partir da clínica e da

---

10) FREUD, Sigmund. "Além do princípio do prazer", *Obras psicológicas completas* (SB), v. XVIII, 2. ed. Rio de Janeiro, Imago, 1987.
11) FREUD. "Psicologia de grupo e a análise do ego", idem, v. XVIII.
12) FREUD. "O Ego e o Id", idem, v. XIX.
13) FREUD. "Mal-estar na civilização", idem, v. XXI.

sua formalização pelo inventor da psicanálise. Esse percurso, longe de ser acadêmico, é didático e sustenta qualquer experiência da psicanálise.

Os desenvolvimentos teóricos e históricos da psicanálise ao longo do último século não tornam irrelevante o "primeiro" Freud e a sua maneira indispensável de recolher na clínica as questões que até hoje nos interpelam na experiência. A experiência que constitui a prática analítica é sempre nova, e desconcertante para o senso comum, é sempre à altura do momento inaugural da descoberta freudiana.

Escolhi apresentar em oito pontos as diversas formulações freudianas concernentes às identificações, retomando os conceitos necessários ao entendimento desse processo de humanização.

1. Experiência de satisfação — traço mnêmico — identidade de percepção

Embora o termo não seja usado no escrito de 1895, *Projeto para uma psicologia científica*,[14] esse texto pode ser lido como uma primeira tentativa de Freud para determinar a origem da organização psíquica do ser humano. A primeira organização psíquica se produz a partir e em torno da *primeira experiência de satisfação* e de sua inscrição por via de um *traço mnêmico*, que orientará a *ação específica* exterior, no sentido de reproduzir (repetição), a *identidade de percepção* com a *satisfação primeira*.

Primeiro passo da identificação: *idem — ficare*: fazer-se igual a uma satisfação, perdida. A partir da perda: "fazer" ("**ação** específica" orientada pela pulsão), fazer-se idêntico à satisfação experimentada, a partir do registro da sua experiência. Este é o grande motor da identificação.

Essa primeira teorização localiza o marco do sujeito como espaço de ficção oriunda de uma satisfação inalcançável. O cerne da organização psíquica é este centro, este oco — *das Ding* — em torno do qual se articulam as *alucinações* da satisfação perdida, as

---

14) Freud. "Projeto para uma psicologia científica" (1895), *Obras psicológicas completas* (SB), op. cit., v. I, 1987.

representações pelas quais se representa o broto do sujeito. Vemos que desde esse primeiro Freud a inadequação entre o gozo e a sua representação é ponto de origem do sujeito e de sua divisão. O mais íntimo da organização psíquica tem, **no princípio**, uma estranheza radical, *Unheimlich*,[15] ponto êxtimo (Lacan)[16].

2. PERSONALIDADE MÚLTIPLA

Desde suas primeiras observações clínicas, recolhidas na *Correspondência a Fliess*,[17] Freud descreve os diversos fenômenos de identificação; fenômenos particularmente notáveis em casos de adolescentes e mulheres (identificação com prostitutas), uma multiplicidade de identificações parciais que o levam a falar de *personalidade múltipla*, termo que indica que uma única identificação não é suficiente para dar conta do ser.

3. IDENTIFICAÇÃO HISTÉRICA

Nos casos de histeria expostos, particularmente no *caso Dora*,[18] Freud observa que os diversos sintomas das histéricas remetem a diversas identificações, traços parciais tomados emprestados de outros em momentos variados da vida. Os sintomas de Dora constituem nesse sentido um verdadeiro quebra-cabeça, com pedaços pegos de parceiros da sua história: irmão, mãe, pai, Sra. K. etc. Esse caso mostra como a dificuldade de responder à questão da identidade faz o sujeito inventar recursos: a verdade (quem sou eu?) tem estrutura

---

15) *Unheimlich*, em alemão: estranho, sinistro. Referência freudiana desde seu texto "*Das Unheimlich*". Lacan traduz a ambigüidade do termo *Unheimlich* explicitado por Freud no seu texto com o neologismo "Extime".
16) LACAN. "Ce qui nous est le plus prochain tout en étant extérieur. Il faudrait faire le mot extime pour désigner ce dont il s'agit" ("D'un autre à l'autre", aula de 26.03.69, seminário inédito).
17) MASSON, Jeffrey Moussaieff (ed.). *Correspondência completa de Sigmund Freud para W. Fliess, 1887-1904*. Rio de Janeiro, Imago, 1986.
18) FREUD. "Um caso de histeria", *Obras psicológicas completas* (SB), op. cit., v. VII, 1987.

de ficção, repete Lacan. A "identidade", o mesmo, se alcança por meio dos desvios e atalhos que passam pelo outro, pelo empréstimo de um traço do outro, como substituição e deslocamento de algo que falta para ser. O exemplo do sonho do jantar malogrado da *Bela açougueira*[19] ilustra como a identificação ao traço do outro (no caso, um desejo insatisfeito da rival) vem identificar, dar consistência e contorno ao desejo, isto é, à falta do sujeito. A identificação como princípio denuncia a *falta a ser* do sujeito.

4. As identificações nas "formações do inconsciente": no trabalho do sonho e no chiste

Os sonhos analisados por Freud demonstram como as identificações com traços emprestados dos outros configuram a multiplicidade do Eu e dão consistência à sua inconsistência.[20] As identificações descritas por Freud nesse contexto acentuam essas características da identificação relativas à estrutura do significante e às suas leis de combinação: identificações parciais ao outro, substituição de algo que falta, permitindo o deslocamento, são mecanismos significantes.

No chiste, a transmissão de um "prazer a mais" (*Lustnebengewinn*) mostra que, por meio de mecanismos significantes, a identificação produzida se funda num gozo comum, que passa por eles mas os ultrapassa.

5. Identificação narcisista

Ela indica com precisão o quanto a identificação ao objeto perdido, por meio do mecanismo de *regressão*, é uma maneira de superar a perda (conforme Freud explicita esse mecanismo em *Luto e*

---

19) Freud. "A interpretação dos sonhos", *Obras psicológicas completas* (SB), op. cit., 2. ed., v. V, cap. 4, 1987.
20) Freud. "O trabalho do sonho", *A interpretação dos sonhos, Obras psicológicas completas* (SB), op. cit., v. VI, cap. 6, I-III, 1987.

melancolia[21] e *Leonardo da Vinci*[22]). A partir desses casos entendemos como o sujeito pode identificar-se ao outro no intuito de resgatar o objeto de satisfação.

6. Identificação primordial ao Ideal do Ego, ao pai

No texto *Sobre o narcisismo*[23] Freud inicia uma elaboração metapsicológica do fenômeno. Ele observa que a passagem do auto-erotismo das pulsões parciais, que não dão nenhuma unidade ao sujeito, ao narcisismo unificador só poderia ocorrer a partir de uma "ação psíquica", ou seja, a partir da intervenção do Ideal do Ego como organizador (e do Super Ego como zelador dessa organização).

Para tentar argumentar a operação subjetivante dessa identificação primordial, Freud vai recorrer ao mito: o mito de *Totem e Tabu*,[24] que a caracteriza como incorporação do pai.

Não se pode explicitar esta função do pai no estágio de vida que corresponde ao tempo de constituição do sujeito a partir dos fenômenos nem dos comportamentos. O pai é uma função, função-substituição e um representante. Na novela familiar de cada um como no mito, ele representa uma dupla função: a de quem possui o usufruto (o gozo) do objeto desejado, e a de quem interdita o acesso a esse objeto. Esta *identificação primordial ao pai* é, portanto, a incorporação de uma lei, a assimilação da lei de substituição de um representante à coisa perdida — *das Ding* — isto é, a incorporação do Simbólico como pacto e sistema de signos, substituindo a coisa perdida.

---

21) Freud. "Luto e melancolia", *Obras psicológicas completas* (SB), 2. ed., op. cit., v. XIV, 1988.
22) Freud. "Leonardo da Vinci", idem., v. IX.
23) Freud. "Sobre o narcisismo: uma introdução", idem, v. XIV.
24) Freud. "Totem e Tabu", idem, v. XIII.

7. As três modalidades de identificação

No capítulo "Identificação" do texto *Psicologia das massas*,[25] Freud diferencia três modalidades de identificações, dando conta da lógica de diversos fenômenos:
— a primeira é a identificação ao pai, que acabamos de evocar;
— a segunda é a identificação regressiva ao objeto perdido a partir de um único traço — *Einziger Zug*, que vai ser o ponto de partida da teorização lacaniana;
— a terceira marca o aspecto de identificação como recurso perante a falta, nos tipos de identificações ditas histéricas (identificação à amiga "seduzida e abandonada" nos dormitórios de colégios, por exemplo): identificação ao desejo do Outro, ou melhor, identificação ao que se fantasia a partir do desejo do Outro como Lacan explicitará.

8. O aparelho psíquico da "segunda tópica"

Por fim, Freud vai propor uma sistematização da identificação depois de ter formulado a pulsão de morte como princípio de repetição. A repetição como princípio decorre deste "algo" do corpo que não se representa, mas pulsa e impõe a busca de sua repetição (repetição de uma coisa irrepresentável-impensável) nas diferenças dos empréstimos identificatórios. A pulsão de morte como princípio confere assim uma certa identidade às figurações múltiplas do Eu.
Freud propõe uma sistematização do problema da identificação a partir do aparelho psíquico e da sua lógica dinâmica, tal como exposto na segunda tópica: Isso / Eu / Super Ego são as três instâncias do sujeito onde se distribuem a economia e a dinâmica de sua estabilização precária.
O Isso sinaliza o que nunca vai se representar, mas promove o movimento todo; o Super Ego manda e desmanda, e impõe sem cessar a inscrição da satisfação do Isso. O Eu é um resultado da

---
25) Freud. "A psicologia de grupo e a análise do ego", *Obras psicológicas completas* (SB), op. cit., v. XVIII, 1988.

operação; é apenas um sintoma, uma solução de compromisso entre o Isso e o imperativo super egóico.

Em suma:

— Este recurso às formulações freudianas é necessário para articular precisamente o avanço lacaniano com a clínica freudiana e a partir da experiência da psicanálise, da qual Freud tão bem testemunhou.

— O que causa a identificação é uma coisa perdida (desde sempre), uma satisfação inalcançável por via das representações, coisa perdida que funciona como causa para promover as múltiplas inscrições, substituições, derivações, desvios, possíveis pela via das representações pulsionais (significantes), que colaboram para a construção do Eu.

— Dito isto, torna-se oportuno explicar porque então este seminário não se chama "Por causa do melhor", o que seria coerente com a idéia freudiana de princípio de prazer!

— O pior como causa remete ao além do princípio de prazer. O mal-estar na identificação, que a clínica psicanalítica recolhe com tanta diversidade, funda-se no além do princípio de prazer (isto é: o que não se liga, não se articula, apenas insiste e se repete), princípio que chamamos aqui de *princípio do pior*.

— A identificação humana e seus avatares dependem deste princípio do pior. Há identificação quando algo do gozo é elevado à dignidade de significante, mas há sempre um resto que permanece na indignidade, fora do mundo, no i-mundo; algo do gozo, algo de impensável, descabido, algo como uma substância negativa, que tem poder criativo, poder causador: o pior como causa.

A IDENTIFICAÇÃO LACANIANA: O UM, O OUTRO E O RESTO

1. DO MITO À LÓGICA

Lacan elabora sua conceitualização do problema ao longo de seu ensino sem jamais dispensar, a seu modo, a referência a Freud.

Conforme a indicação freudiana de usar os conceitos até eles não servirem mais para dar conta da clínica, todos os conceitos lacanianos foram construídos e/ou complicados para servir como operadores mais ajustados às complicações e à complexidade da clínica.

Freud ele mesmo precisou ultrapassar o "princípio do prazer" para dar conta dos rateios mais ou menos trágicos do ser humano na sua realização e nos seus laços sociais, colocando em causa uma "maldade" fundamental e irredutível: *a inclinação agressiva é uma disposição pulsional autônoma e originária do ser humano.*[26]

A partir do ensino de Lacan, pretendo mostrar que não é necessário enfatuar e mitificar a pulsão de morte no seu sentido imaginário, como se ao lado do homem bom e de seu princípio de prazer houvesse um homem ruim. Pelo contrário, pretende-se aqui demonstrar que o "mal radical" (Kant) segundo Freud, remete apenas a uma "negatividade positiva" (Hegel) inerente à lógica do mecanismo de identificação, ou seja, inerente à dialética entre o Um e o Outro. Além do "mal radical" como mito, vamos então passar com Lacan pela lógica da alteridade, que ele chamou de *heteridade*[27] para evocar a radical hetero-sexualidade — heterogeneidade do sexo e do significante.

A questão da identificação a partir do ensino lacaniano é, portanto, a seguinte: como fazer Um a partir do Outro?

---

26) FREUD. "Além do princípio do prazer", *Obras psicológicas completas* (SB), 2. ed., op. cit., v. XVIII, 1988.
27) LACAN. "C'est l'illustration de mon échec à m'identifier à cette hétérité", Seminário "Dissolution", 15.01.80, inédito.

A lógica decorrente da lógica do significante (S/s)[28] permite escrever o que os mitos freudianos explicitaram: o mito de Édipo, as pulsões e seus destinos, o "Totem e Tabu" podem ser lidos nas fórmulas lacanianas (os "matemas" lacanianos) tais como "os discursos" e as fórmulas da sexuação. A trajetória da elaboração teórica da psicanálise manifesta uma lógica que se reencontra em cada percurso analítico: da dor singular ao mito e do mito à sua redução, poética e lógica.

2. A IDENTIFICAÇÃO IMAGINÁRIA

É sabido que Lacan entrou na cena teórica da psicanálise falando da identificação no seu aspecto imaginário. O estágio do espelho é elaborado, retomando o Ideal do Ego freudiano, para mostrar como a imagem se fixa e organiza, fixando e organizando o humano disperso nas suas experiências pulsionais.

Essa ênfase inicial sobre a modalidade imaginária de identificação permitiu elucidar certos pontos necessários à clínica da psicanálise.

A identificação imaginária, por ser unificadora, salva o ser humano do despedaçamento; ela se antecipa ao desenvolvimento, programando assim seu progresso. No entanto, por essa operação ela se evidencia como uma experiência de *alienação*, já que é o desvio pelo outro (*alien*) que permite ao sujeito apreender-se como "um", inteiro. Experiência de reconhecimento de si mesmo, ela é também uma experiência de desconhecimento (*méconnaissance*) e de ilusão que abre um espaço de ficção na relação de miragem do sujeito com sua imagem, pois mascara a verdade da sua profunda divisão e incompletude.

É também a partir dos mecanismos imaginários que Lacan vai explicitar o surgimento da agressividade, questão relevante neste estudo para entender a extensão deste problema no âmbito do laço social. Quando "um" se vê no outro, ou quando vê sua própria imagem como uma alteridade, produz-se então, além do reconhecimento,

---

28) A relação Significante — S, sobre significado s, é a recuperação por Lacan do algoritmo saussuriano s sobre S; Lacan indica assim a primazia do significante e de sua estrutura que apenas representa o significado por metáfora (substituição) ou metonímia (deslocamento).

um mecanismo de estranhamento, de exílio consigo mesmo: é como se então a verdade do ser, a "identidade", estivesse "mais embaixo", não retratada no reflexo. O reflexo, a imagem, despossui o sujeito cativado da sua unidade e o reduz à condição informe (ou disforme) de seus pedaços. A agressividade com o outro tomado como imagem do mesmo é uma resposta a essa desapropriação do ser pela imagem alienante que passa pelo outro.

Mas estes desenvolvimentos, extremamente relevantes para a clínica e a diversidade da sua fenomenologia, não explicitam o princípio, a causa e as suas conseqüências estruturais na organização psíquica.

3. Princípio de identificação

Do primeiro Freud até o último Lacan, passando por todas as experiências analíticas sustentadas de lá para cá, a questão é a mesma: "Como faço para ser 'eu mesmo' e não o outro?" Como se especifica, destaca, diferencia-se um 'qualquer um'; como se faz para não ser tão qualquer assim, já que os recursos são as representações comuns a todos? Como falar, em psicanálise, dessa relação do particular com o universal?

Trata-se de um problema ontológico e lógico ("o" problema, que nos primórdios do pensamento humano deu origem tanto à lógica quanto à ontologia) do qual Lacan, a partir da clínica psicanalítica e para poder sustentá-la, vai tratar e solucionar como um problema de lógica.

Esta gênese lógica do ser humano é, portanto, uma lógica da alteridade, da *heteridade*, do Outro.

Como começa Um? Como começa, eu? Tu? Eles?

Freud, para dar conta desta gênese, do ponto de origem mítico da humanidade (e da humanidade de cada Um), recorreu a um mito — o mito da identificação primordial ao pai da horda primitiva — desenvolvendo, numa versão mítica do pior, o assassinato do pai como causa.

Lacan vai dizer e demonstrar que Um humano começa com o Outro, e como um outro.

A identificação primordial é esse momento de incorporação, de assimilação da dimensão de alteridade radical em que consiste o sistema simbólico como substituto da *primeira experiência de satisfação*.

Momento lógico pelo qual a garantia da existência passa dos vestígios — rastros, marcas de satisfação que presentificam o ser vivo — ao marco do sujeito: o traço que representa a ausência de satisfação. Traço único — traço unário, momento lógico da transformação de um rastro de gozo em traço significante primeiro — articulado enquanto tal a todos os significantes do Outro, ao sistema simbólico inteiro, que recobre — como pode — a realidade e as relações humanas. Passagem do princípio de identidade a um princípio de identificação.

4. "UM SIGNIFICANTE REPRESENTA UM SUJEITO"

A identificação primordial é a transformação produzida num sujeito quando ele assume um significante do Outro para se representar e assim se distinguir de todos os outros.

É um momento lógico que pode ser descrito pelos círculos de Euler, representando a operação de intersecção:

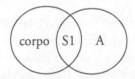

Esta operação figura tanto a *incorporação*, como a *identificação primordial: I(A) Ideal do Ego* e o *traço Unário (S1):* significante primeiro, significante mestre.

Essa operação lógica tem, obviamente, história, isto é, está inserida na historicidade do sujeito. O momento de conexão entre o corpo, o gozo e a aparelhagem significante, simbólica, ocorre a partir do Outro, da alteridade primordial, que também configura o alter ego, parceiro em carne e osso, de corpo e alma. Esse mediador particular vai ler e assim interpretar, a partir do seu sistema simbólico, um pedaço de corpo, um instante de gozo, como signo do sujeito. Este é o momento de inscrição do traço unário, o S1, significante primeiro e primordial; momento em que o Outro apaga a pegada, o vestígio de gozo, para incluí-lo como significante no registro simbólico: significante primeiro de uma história sem fim.

Este marco — marca acolhedora e imperativa, institui o sujeito numa estrutura de metáfora, de substituição, iniciando uma ficção metonímica: S1...S2...Sn. Sempre nessa deriva, o significante do sujeito é uma parte que representa o todo inalcançável, o ponto de fuga da série, o marco 0 da marca fugaz do Outro: S1.

O dito primeiro decreta, legifera, sentencia, é oráculo, confere ao Outro real sua obscura autoridade.[29]

Eis o momento inaugural do sujeito segundo a lógica da alteridade. Um significante sempre Outro vem identificar um sujeito: *idem–ficare*: fazê-lo idêntico a si mesmo? Há nesse processo uma submissão inaugural ao imperativo, à lei do pai, na medida em que ela é uma lei de substituição, de representação da coisa, portanto de interdito. A partir desse momento, *Um significante representa um sujeito*,[30] é o mecanismo de substituição, de metáfora que instaura um processo criativo. *Ex-nihilo*, do nada, emerge, distingue-se um sujeito, embora já se inicie aí uma das vertentes do pior como causa. Pois *o significante representa o sujeito*, enuncia que há uma perda: algo deste sujeito não está presentificado (o vestígio do gozo apagado). Portanto, ao se alienar a Um significante o sujeito se apresenta como "menos Um", o que determina, desde a identificação primordial, uma *falta a ser*.

O primeiro tempo de consentimento a esta lei do significante inclui uma outra vertente do *idem-ficare*: consentir com o interdito inclui, num segundo tempo, fazer-se idêntico ao inter-dito, fazer-se idêntico ao que se supõe entre os ditos, identificar-se ao que falta ao Outro para dizer quem "Eu sou". A gênese do sujeito denuncia e inicia uma aposta "do pai ao pior",[31] pois aí, na barra do sujeito submetido e suposto à lei do significante, se inscreve, sulca-se, o resto, o resíduo, o pior como causa.

---

29) LACAN. "Subversão do sujeito e dialética do desejo", *Escritos*. Rio de Janeiro, Jorge Zahar , 1998, p. 822.
30) LACAN. "A identificação". Seminário IX (1961-1962). Recife, Centro de Estudos Freudianos do Recife, p. 61 (mimeo).
31) LACAN. "Télévision", *Autres écrits*. Paris, Seuil, 1974, p. 72.

Além do mais, se "*o significante representa o sujeito*", é "*para outro significante*". Pois o significante não significa nada sozinho; ele é pura diferença, que designa essa diferença com relação a outro significante. Portanto, o significante não tem valor de distinção, de designação, a não ser o de se remeter a outro significante, que por sua vez — *ad infinitum* — num processo de deslizamento, deslocamento, condena a identidade a essa insustentável leveza do ser que deriva de um significante ao outro.

"O significante representa o sujeito..." esta simples frase tantas vezes repetida por Lacan e por nós, parece conter o pior dos destinos trágicos do ser humano.

Duas medidas do pior. *Ex nihilo* menos Um; *ad infinitum*: identificação ao outro produz este pior evanescente e fútil que causa a série infinita. Infinita, pois prova-se que nenhum Outro significante garante suficientemente o ser. O pior do Outro, e, portanto, do sujeito, em Lacan se escreve:

Assim sendo, temos até agora quatro níveis do trágico da identificação:

— O Um passa pelo Outro, o que o localiza como ficção, logro e alienação.

— Ao passar pelo Outro, ele se determina como "menos Um": castrado, barrado, insatisfeito.

— Passando pelo Outro, ele deriva de outro (significante) em outro (significante): S1, S2, S3...

— sem nunca chegar à verdade do ser: S($\cancel{A}$), o Outro falta, falha, é incompleto, inconsistente.

— O pior em causa para esse destino trágico é esse valor negativo do ser que nunca chega a ser representado, do *ex nihilo* ao *ad infinitum*, mas insiste em se repetir de significante em significante. Porém, esta negatividade causa, e, portanto, implica uma positividade.

5. O QUE PERDURA DE PERDA PURA

O que perdura de perda pura[32] causa o que pode ser feito de melhor para bordar, para cingir o pior. Entre um significante e outro, *o que perdura de perda pura* é bordado, como o fio faz a renda em volta do furo, na trama do tecido.

"O que perdura de perda pura" é um pior que causa, mas que contém o mais precioso do ser: o objeto **a**, causa do desejo, que insiste em não se representar.

Assim dizia Fernando Pessoa:

> Qualquer coisa de obscuro permanece
> No centro de meu ser. Se me conheço
> É até onde, por fim mal, tropeço
> No que de mim em mim de si se esquece[33]

O mais íntimo, que permanece numa "extimidade" absoluta, numa estranheza radical, efeito e causa de todo o processo, o objeto *a*, dá seu valor distinto a todas essas unidades significantes, 1-1-1-1, e leva o sujeito a se identificar ao defeito mesmo do discurso, a identificar seu desejo ao desejo do Outro: "*Com efeito, é muito simplesmente como desejo do Outro que o desejo do homem ganha forma*", diz Lacan.

É isso que causa e provoca nas diversas versões da clínica psicanalítica todas as piores formas da dor, do insuportável, do inconciliável com o ideal, com o significante. Culpa, pânico, depressão, sintomas, angústia remetem a esta "identificação" ao defeito mesmo do discurso — *ex nihilo*.

O objeto *a* é uma proposta de Lacan para dar uma medida comum a este resto da operação lógica do Outro. É uma medida comum para calcular o limite da série infinita na qual o sujeito se sustenta como único, embora alienado ao Outro: 1, 1, 1,...

Dizer que Lacan passou do mito à lógica não é uma metáfora; ele recorreu à lógica precisamente para evidenciar, mostrar, demonstrar essa conseqüência infernal da estrutura. Se a lingüística lhe permitiu formular a lógica da representação do sujeito pelo significante, com a

---

32) LACAN, J. "Télévision", op.cit., p. 72.
33) PESSOA, Fernando. "Dream", *Obra poética*. Rio de Janeiro, Nova Aguilar, 1984, p. 491.

topologia ele mostrou a exclusão/inclusão do objeto *a* na estrutura, tanto quanto a continuidade entre a alteridade — exterior ao sujeito — e esse objeto — referência do vazio central na estrutura, causador de todas as dores. A matemática, por sua vez, possibilitou calcular o limite da série e demonstrar que a clínica psicanalítica é uma *operação* que pode calcular essa razão e dar um fim à série. A lógica, entre outras coisas, permite deduzir e incluir o conjunto vazio em qualquer operação significante.

A vantagem não é decorativa, nem meramente retórica: a partir dessa demonstração pode-se operar na clínica a mesma redução da mitologia à lógica, isto é, passar do romance neurótico ao poema, do poema ao matema, da falta à perda, do mal ao pior. O pior aqui não é o drama da novela, mas o princípio, e o conjunto vazio inerente a qualquer conjunto, a qualquer forma do ser. A operação da psicanálise pretende esvaziar o mal e todas as formas do "sinto mal", para reduzi-lo à sua mais simples expressão, à sua pior expressão: a pura perda.

O neurótico, com efeito, não se contenta, sente-se mal na errância entre –1 e S($\cancel{A}$), entre *ex nihilo* e *ad infinitum*. Por isso a neurose fixa, lastra, sutura, estorva a insustentável leveza do ser das piores maneiras possíveis, embora almejando, com as astúcias do fantasma, um menos pior. (Por exemplo, aconchegando-se, acomodando-se, completando a falta do Outro e assim fantasiado chegar, de "fininho", como "penetra", de contrabando, à verdade do ser.)

O sujeito neurótico acha uma consistência nos "desvãos", nos interstícios, nos recantos do Outro, *se fazendo de* onde o *idem-ficare* pelo significante deixou um buraco, localizou um vão, nas bordas dos orifícios pulsionais. O neurótico acha uma consistência nas formas mais surpreendentes e desconcertantes, *se fazendo de*: comido/comendo — rejeitado/rejeitando — grito/silêncio — exibido/esquecido.

Isto é um homem: para o melhor e para o pior, cada um ao se fazer como ser humano deverá contar com essa duplicidade de sua existência.

No mundo enquanto isso, o pior causa caos e outras coisas. Mas, por incrível que pareça, além do pior da barbárie, o pior em causa pode também causar o melhor da civilização. Por incrível que pareça, no pior dos mundos possíveis, este que o discurso capitalista fabrica, é do pior em causa que podemos esperar o melhor.

Dominique Fingermann

A PSICOTERAPIA RETORNA AO PIOR.[1]

> "C'est là que la psychothérapie tourne court, non qu'elle n'exerce quelque bien, mais qui ramène au pire."[2]
>
> Jacques Lacan, *Télévision*

O título "A psicoterapia retorna ao pior", destacado de uma frase de Lacan, ecoa como uma provocação, mas introduzindo este trabalho ele nos convoca (e nos compromete) a responder uma série de perguntas que colocam em questão o ato do psicanalista:

— Qual é a diferença entre psicanálise e psicoterapia?

— O que faz a psicanálise, qual é a sua incidência, sua operação, sua eficácia?

— Qual é a responsabilidade do psicanalista nessa operação?

— Qual é o pior em causa quando se fala aqui do efeito da psicoterapia?

— Qual é o alcance clínico e ético da experiência e da operação que a psicanálise oferece em resposta à demanda de quem sofre?

De fato, eis a questão crucial: há mais de um século, quem sofre dirige à psicanálise uma demanda de melhora. Há mais de um século existem psicanalistas para responder a esta demanda. É, portanto, legítimo perguntar: que tipo de resposta, à demanda oriunda do sofrimento, está sendo oferecida pela psicanálise? Pode-se esperar o melhor com a psicanálise? ...Ou pior?[3]

---

1) "Le bon sens représente la suggestion, la comédie, le rire. Est-ce à dire qu'ils suffisent, outre qu'ils soient peu compatibles? C'est là que la psychothérapie tourne court, non qu'elle n'exerce quelque bien, mais qui ramène au pire" (LACAN, Jacques. "Télévision", *Autres écrits*. Paris, Seuil, 1974, p. 19).
2) Idem.
3) LACAN. "...*Ou pire*", Seminário XIX, 71-72, (1975) em *Autres écrits*, Paris, Seuil, 2001 (resumo); "...*Ou pire*", A.F.I, publicação não comercializável, 2000.

Os psicanalistas "lacanianos" costumam dizer que não se pode responder à demanda. Como então qualificar a oferta de psicanálise, que cria no mundo uma demanda à qual não se pode responder? Trata-se de charlatanismo, impostura... ou pior?

É pior. É pior, antes de tudo para quem se atreve a acolher essa demanda sem resposta, sabendo que na condição de analista não poderá se reconfortar nos suspiros (no *suspi(o)rar*[4] ironiza Lacan), nem na angústia. É pior para o analista, Lacan designou essa versão do pior como *o horror do ato analítico*, e muitas vezes evocou a resistência na análise como resistência do analista em relação ao desconforto de seu próprio ato: não responder à demanda que ele mesmo fomenta.

A experiência da psicanálise começa com o mal-estar, a dor, o sintoma, que se transformam em demanda. O psicanalista recebe essa queixa e inaugura, assim, a cena chamada neurose de transferência. Oferecendo-se inicialmente como destinatário da queixa, o analista se encontra repentinamente incluído na neurose — mas isso não é o pior. O pior é que o tratamento psicanalítico do mal-estar consiste em subverter essa demanda para transformá-la em desejo. Embora a proposta pareça empolgante — "dê-me sua demanda, que eu te devolverei seu desejo!" — encontram-se algumas pedras no caminho do chamado desejo: falta, angústia, culpa etc., todas decorrentes de um rochedo denominado castração.

O caminho das pedras do desejo, **a provação do desejo** na experiência analítica, passa pelo **tratamento da demanda.** Esse tratamento não pode se preocupar em suturar ou saturar essa demanda, restaurando um hipotético bem-estar, como haveria de se esperar de uma terapia, pois o que se descobre no caminho do desejo é que o mal-estar é efeito e defeito de estrutura, é irremediável.

Portanto, por incrível que pareça, por pior que seja, ao contrário do que acontece numa psicoterapia, o que vai orientar paradoxalmente a direção do tratamento analítico é a dimensão estrutural desse mal-estar, que denominamos: "a causa do Pior", ou o pior como causa do

---

4) Com o trocadilho *s'oupirent* Lacan equivoca o verbo *soupirer*-suspirar evocando os analistas que, por não suportarem sua posição desconfortável no ato analítico, suspiram. "...ou pire. Titre d'un choix. D'autres s'oupirent. Je mets à ne pas le faire mon honneur" (Cf. LACAN, Jacques. "...Ou pire", compte rendu du Séminaire XIX, 71-72, (1975) em *Autres écrits*, Paris, Seuil, 2001, p. 547).

ser humano. Esse é o paradoxo da psicanálise, que decididamente não combina com o bom senso, e que Lacan descreveu no Seminário sobre "A Ética da Psicanálise"[5] como: *a dimensão trágica da sua experiência*. Todavia, este "pior" em causa não é a substância maligna de um mal radical no princípio do ser humano, mas um princípio lógico, tal como o 0 (zero) precede e sustenta o 1 (um) e a conseqüente série dos números; tal como a ausência de essência precede (e determina) a existência.

Dito isso, retomaremos em quatro tempos as perguntas que o título provocou:

1. De que pior se trata?
2. O que fazemos quando fazemos análise?
3. A psicoterapia retorna ao pior.
4. Ética do desejo e *bon-heur*.

DE QUE PIOR SE TRATA?

Primeiramente, é necessário precisar a questão estrutural — o defeito de estrutura — desenvolvendo as suas incidências clínicas, isto é, quais são as versões, do mal-estar estrutural, que se transformam em demanda e acabam sendo transferidas no dispositivo analítico?

"Pior" não é um conceito no ensino de Lacan, mas um dos qualificativos possíveis do princípio lógico que determina o humano "mais além" do princípio do melhor. O superlativo "pior" é usado diversas vezes por Lacan, com valores diferentes dependendo do contexto.

De fato, o valor do "pior" no discurso depende de como é situado e, por conseqüência, usado. A referência polivalente ao termo "pior" delimita um campo, portanto, não indica uma dimensão única ou unívoca. Trata-se de um campo para além do bem e do mal, um campo de força, campo de jogo, campo de guerra: aquele que Lacan chegou a designar como campo lacaniano — campo de *Das Ding* (no Seminário 7)[6], campo do gozo (no Seminário 17)[7].

---
5) LACAN. *L'Ethique de la psychanalyse*. Séminaire VII. Paris, Seuil, 1986; LACAN. *A ética da psicanálise*. Rio de Janeiro, Jorge Zahar, 1988.
6) Idem.
7) LACAN. *L'envers de la psychanalyse*. Séminaire XVII. Paris, Seuil, 1991; LACAN. *O avesso da psicanálise*. Rio de Janeiro, Jorge Zahar, 1992.

Se o campo freudiano foi inaugurado pelo princípio de prazer, Lacan extraiu as conseqüências lógicas de seu limite: o além do princípio de prazer; localizando e desbravando esse campo do gozo, ao qual nos referimos aqui como campo do pior, para além do bem e do mal. Não é do bem, não é do mal, é lógico; mas, humanamente falando, pode ter as piores conseqüências. Constatemos aqui a conjugação de uma exigência ética com uma necessidade lógica: trata-se de saber contar com essa constante oculta que aparece em tantos cálculos do ser humano e que deve ser incluída nas suas apostas. Se o pior não for incluído nos cálculos, é pior.

Portanto, não há nada de abstrato, hermético, cínico ou esotérico nesse vocabulário. É lógico, ético, e clínico:

1. Há, no ponto de origem do sujeito, um trauma, uma incompatibilidade: castração, impasse, *spaltung*, divisão.

2. Inibição, sintoma, angústia, repetição, obsessão, conversão, depressão, pânico, pesadelo, estranheza, culpa, masoquismo etc., testemunham essa dimensão no mundo e na clínica.

3. Diversos destinos e avatares dessa causa comum indicam que é possível haver transformação e remanejamentos. A psicanálise propõe-se a explorar as condições de tratamento da causa do pior: analisar, deslocar, desmontar, demonstrar, esvaziar, *matemizar*, poetizar, inverter, retroverter, subverter, sublimar, enlaçar.

Os "discursos", tal como Lacan os identificou e ordenou, podem ser considerados os quatro destinos possíveis, as quatro maneiras diferentes de tratar este pior no laço social: enlaçando-o na estrutura sem prejudicá-lo seja com a recusa psicótica, seja com seu uso perverso.

A psicanálise como "discurso" (O Discurso Analítico) inaugura uma nova forma de tratar o pior, incluindo-o na aposta desde o início do jogo, embora, ao acolher um sujeito e sua dor singular, ela também se disponha a acolher os outros discursos, ou seja, as diversas possibilidades desse sujeito tratar a impossibilidade.

Exposta a tese decorrente da hipótese do pior, vamos agora demonstrá-la:

— Não há nada de abstrato, é clínico: a clínica é pródiga em ocorrências das piores soluções;

— *Maria* não consegue amar, nem ler, nem sair, nem olhar, nem dançar, nem estudar; só consegue repetir: "não consigo, não posso";

— *Olga* não consegue não beber, não comer, não se drogar, não se violentar.

— *Marina* decidiu muito cedo "não querer saber de nada", da morte, e da castração; e "programou" sua vida numa auto-suficiência e autodeterminação. Mas assaltada pelo horror de seus atos falhos, que denunciavam sua farsa, ela preferiria morrer. Castrada? Nem morta!

— *Flavia* só sabe contestar, criticar, denunciar, se ferrar; fazer-se de insuportável é a sua maneira infalível para provar o escândalo do outro, nunca suficientemente à altura de um Outro provedor e garante de existência. *Carolina* prefere fazer-se de morta. *Marcos* nem chove nem molha, nem... nem sai de cima; ele se "cadaveriza" numa indecisão perpétua.

— *Bia, Ricardo, Marcelo e Boris* fazem tudo certo, conseguem tudo: dinheiro, trabalhos, namorados,... Sempre tiveram as melhores notas, mas no auge do sucesso surgiu o imprevisto: vertigem, pânico, depressão, impotência. A psicoterapia, oferecida globalmente pela ordem e o progresso da ciência, não pôde evitar a volta ao pior!

Todos "sofrem o diabo", e entre gritos e sussurros dizem: "tem algo em mim que é mais forte do que eu". *Riobaldo*, personagem de *Grande Sertão: Veredas*, chama isso de capeta, capiroto, Diabo, demo, demônio e mil outros nomes. *Explico ao senhor: o diabo vige dentro do homem, os crespos do homem — ou é o homem arruinado, ou o homem dos avessos.*[8]

Riobaldo explicava também que dar tantos nomes era um jeito de disfarçar, de *rebuçar* o que não cabia nas idéias, apesar de seu gosto para especular idéias. O que não cabe nas idéias para o narrador do *Grande sertão...* são: o redemoinho, o sertão, a doçura cúmplice da violência, o bem e o mal emaranhados, o desejo, o *Diadorim*, e todas as coisas em que *o Demo regula seu estado preto*. *Riobaldo* especula assim: *E, o respeito de dar assim esses nomes de rebuço, é que é mesmo um querer invocar que ele forme forma, com as presenças.*

Freud deu para isto o nome de *Isso*, ou pulsão de morte, ou ainda "o fator quantitativo da pulsão". Freud também especulava, e deu vários nomes para o *Unheimlich*; essa coisa tão íntima, todavia descabida, que não cabe no Eu, no Ideal, na lei do Pai.

---

8) Guimarães Rosa. *Grande Sertão: Veredas*. Rio de Janeiro, Nova Fronteira, 1997, pp. 2- 3.

Lacan, relendo Freud, colocou a experiência da psicanálise à altura do Pior e não ao nível do Pai. O Pai é o que dá sentido às coisas; a experiência da psicanálise trata do sem sentido da Coisa. Lacan resgatou a Coisa freudiana, *Das Ding*, como esse *êxtimo*[9] — íntimo que está fora de mim, excluído do "mim-mesmo".

— É esta parte "mal-dita" do sujeito que, por incrível que pareça, constitui o âmago do ser, *Kern unseren Wesen*, dizia Freud, parte maldita que Lacan denominou "objeto a", âmago do ser, certo, mas como substância vazia; apenas uma letra a indicar que o desejo é causado por uma falha no sentido.

Tenho dentro de mim uma ausência que me atormenta, escreve Camille Claudel. É uma ausência que atormenta, que faz sofrer o diabo e dar todos esses nomes, *formar forma com as presenças* de todos esses sintomas, manifestações do tormento da ausência, rebuço e suplência da ausência.

O pior do humano é este: transformar, transferir, o Pior lógico em *pathos* — patológico — transformar o "mal dito" do sujeito em maldição do destino, como se o marco do humano fosse um pecado original. E é mesmo, já que no princípio, o acesso à condição humana se faz radicalmente, com a perda de ser que a passagem pelo Outro provoca. "Pecado original", nesse sentido, é uma falta que dá origem; é falta de essência original e originária. A origem do sujeito, que lhe permite contar-se como Um, é um conjunto vazio ao qual vem atrelar-se o signo do Outro, que não identifica a sua substância essencial, mas apenas designa a diferença, cifrando sua distinção e singularidade...

É uma maldição mesmo o que a dor de existir vem testemunhar! O sintoma, procede do "afeto do ex-sistir"[10] (ex-sistir como escreve Lacan para designar o que "siste" do lado de fora, de fora do sentido) insiste em manifestar a existência "mal dita". O sofrimento do sintoma testemunha a verdade esquecida, a essência nunca ocorrida, foracluída, que retorna no real do corpo, da vida ou dos pensamentos. O sintoma,

---

9) *Peut-être ce que nous décrivons comme ce lieu central, cette extériorité intime, cette extériorité qui est la Chose.* LACAN, *L'Ethique de la psychanalyse*, op. cit., aula de 10/02/1960.

10) "Qu'est-ce que l'affect d'ex-sister? Qu'est-ce qui de l'inconscient fait ex-sistence? C'est ce que je souligne du support du symptôme". LACAN, *R.S.I.* Séminaire XXII (1974-75), aula de 21/01/1975. *Ornicar?*, Paris, Navarin, 1975.

na repetição lancinante de seu tormento, insiste como o eco que dá presença ao oco da substância, ao vazio da identidade, insiste como se quisesse dizer alguma coisa.

É daí, desde a ausência de sentido que atormenta e obtém a consistência de sintoma, que se produz algo que pode configurar-se como queixa e parecer "querer dizer" alguma coisa. O sintoma se conjuga fundamentalmente com a demanda, que consiste essencialmente em uma demanda de sentido, à qual, de uma certa forma, Freud respondeu com a invenção da Psicanálise.

É uma demanda de sentido que faz *Riobaldo* insistir em dirigir-se a um interlocutor silencioso até o fim de sua travessia. Para além das demandas de cura, de atenção, de cuidado, de acolhimento, de restauração, de reconciliação, é uma demanda de sentido, isto é, de **interpretação** que convoca quotidianamente os psicanalistas para responder — de uma certa forma.

Então, como, de que forma, podem os psicanalistas responder a essa demanda, se a dor que a fomenta é inevitável, sem remédio, sem terapia possível?

O QUE FAZEMOS QUANDO FAZEMOS ANÁLISE?

A psicanálise é o tratamento específico da demanda que surge de quem sofre. Há tantas maneiras de sofrer da *falta a ser*! Os enunciados dessa dor se conjugam em todos os tempos verbais: "EU fui, mas já era...; EU sou, mas não sou o que poderia ou deveria ser; ISSO não sou EU; EU sou, mas não tenho; tenho, mas não sou...". Essa demanda é o ponto de partida e o princípio operador de qualquer análise. *Eu acentuo a questão da demanda,* diz Lacan em 1975, nas Conferências aos Americanos. *É necessário, com efeito, que alguma coisa empurre*[11]. Se a psicanálise constitui-se como um tratamento específico da demanda, é necessário definir esta especificidade. Antes de tudo, ela tem que ser levada a sério, pois se a oferta de psicanálise cria e baliza a demanda, é à medida que essa demanda tem uma função

---

11) LACAN, "Conférences et entretiens dans les universités nord-américaines - Yale University, Etourdit", *Scilicet* 6/7, Paris, Seuil, 1976, p. 33.

primordial na produção do sujeito e na experiência de subversão que lhe proporciona a psicanálise.

1. A demanda, nos volteios repetitivos de seus ditos, permite articular o inarticulável. Articular, no sentido de enlaçar o impronunciável do sujeito, um significante: S_1 vem se substituir ao sujeito barrado, dividido, apartado de sua suposta essência: $\$$; substituição metafórica que Lacan a partir do algoritmo saussuriano escreve: $\dfrac{S_1}{\$}$

2. A demanda manifesta e formula a relação singular que cada um tem com a estrutura: a falta original de saber sobre o ser ($\$$) e a suposição desse saber no Outro (S_2), decorrente da sua alienação: $\dfrac{S_1 \to S_2}{\$}$

3. A demanda, desde que seja demanda de resposta para a questão do ser, proporciona o encontro com o limite do saber chamado "desejo" na cena analítica da transferência.

4. O acolhimento da demanda é, portanto, um tipo de cilada que oferece ao sujeito uma cena em que possa se desdobrar sua dor de ex-sistir, com a melhor das intenções, e subvertê-la até devolver ao sujeito a questão de seu desejo.

5. A crença no sintoma — a crença de que ele quer dizer alguma coisa — e a esperança no sujeito suposto saber, $\dfrac{S_1 \to S_2}{\$}$, pontos de alavanca da transferência, baseiam-se nesse valor estrutural da demanda e fundam o princípio operatório da psicanálise.

6. A experiência da clínica confirma que em uma certa medida a eficácia da psicanálise se apóia no aspecto estrutural da demanda. Com efeito, as entrevistas preliminares têm muitas vezes um certo efeito terapêutico imediato e quase mágico. "Mágica" esta que aparece na frase de Lacan, denotando uma equivalência entre cura e demanda: *A cura é a demanda que parte da voz de quem sofre, de um que sofre no seu corpo ou pensamento. O espantoso é que tenha resposta, e que em todos os tempos a medicina tenha acertado na mosca com a palavra.*[12]

Favorecer a fala de quem sofre tem, portanto, um efeito terapêutico inegável. Que poder da palavra é esse? O princípio de seu poder é a

---

12) LACAN. "Télévision", *Autres écrits*, op. cit., p. 17.

lei do significante e seus efeitos: *O significante representa o sujeito para um significante, sempre Outro.* $\frac{S_1}{\$} \rightarrow S_2$

Parece que a oferta de psicanálise constitui uma promessa de felicidade, à medida que o analista, ao se posicionar como destinatário da queixa inicial, vem completá-la como um possível lugar de significação, de interpretação: $S1 \rightarrow S2$. Essa complementação da *falta a ser* com um suposto saber é divulgada pelo senso comum no slogan: "Freud explica!". O problema é que se **produz** invariavelmente algo estranho, que não cabe na promessa de felicidade e nas explicações do senso comum, algo estranho ao sentido e ao senso comum, algo estranho que Lacan designou como *objeto a* $\frac{S_1}{\$} \rightarrow \frac{S_2}{a}$

É nesse ponto que se localiza e se sustenta a especificidade da resposta do analista.

...*Dans notre travail de tous les jours nous avons à répondre dans l'expérience à ce que nous avons appris à articuler comme une demande, demande du malade à quoi notre réponse donne sa signification exacte — une réponse dont il nous faut garder la discipline la plus sévère pour ne pas laisser s'adultérer le sens, profondément inconscient de cette demande.*[13]

A primeira resposta específica da psicanálise, a resposta que "dá à demanda a sua significação exata" é a associação livre, embora essa regra que funda a relação analítica pareça hoje ter perdido em parte o impacto de subversão da demanda que lhe dá início. Com efeito, a partir da demanda inicial (de cuidados, atenção, saber) é respondido ao "suplicante": *Fale tudo o que for possível, mesmo que pareça ridículo etc.*, e ainda: *volte amanhã...* Essa primeira resposta é, de saída, bastante ardilosa, apesar da aparente ingenuidade e benevolência, pois implicitamente ela supõe e solicita: *Fale mais... há mais para dizer, o que você quer saber? O que você quer dizer? O que você quer?...* No

---

13) "... como é nosso trabalho de todos os dias, ou seja, a maneira pela qual temos de responder na experiência ao que lhes ensinei a articular como uma demanda, demanda do doente à qual nossa resposta confere uma significação exata — uma resposta da qual devemos conservar a mais severa disciplina para não deixar adulterar o sentido, em suma profundamente inconsciente, dessa demanda" (LACAN. *L'Ethique de la psychanalyse*. Séminaire VII, op. cit., p. 10; LACAN. *A ética da psicanálise*, op. cit., p. 10).

início ela convoca um saber sobre um sujeito suposto à queixa, e ao mesmo tempo sustenta um *Não é exatamente isso que você quer... Não é isso... isso não é tudo, não-tudo, volte para dizer...*

Assim, a proposta de associação livre já é um prenúncio da destituição subjetiva do final de análise[14], pois ela destitui a crença de que o sujeito poderia estar instituído, expresso em qualquer um dos enunciados. Por outro lado, já é uma antecipação de que talvez o que interessa esteja alojado nos intervalos, entre os ditos (traço estrutural que tantas vezes produz esse equívoco do sujeito, o de achar o seu elo perdido não nos inter-ditos, mas sim nos interditos).

A regra fundamental produz-se como o terreno de **experiência** do sujeito que, ao vivo, em ato vai provar-se (provadura e provação) o limite da estrutura e o resto que a causa. A regra fundamental funciona então como amplificador (amplifica a dor) da demanda, instaura e instala a transferência na sua lógica.

A transferência, por sua vez, tem a particularidade de apresentar a questão e a resposta, pelo menos uma, das respostas possíveis à questão sobre o ser. A questão transferencial convoca um Outro e é uma demanda de saber; a resposta transferencial inclui o outro assim convocado na solução do fantasma. O analista está aí incluído (metido) nas duas dimensões: como destinatário do saber e como alvo da inclusão fantasmática.

É como agente duplo que o analista responde, dando a "significação exata da demanda" nas duas vertentes e encenando por sua vez, frente à *pantomima*[15] neurótica, o pior da estrutura: a ausência de resposta à demanda. Essa encenação qualifica o ato analítico como horror.

A interpretação e o ato analítico são as respostas especificamente analíticas, do "desejo de analista", à demanda neurótica. *Interprestando o que perdure de perda pura,*[16] a resposta faz vacilar o sentido e abala a significação na qual o neurótico se institui, mediante o equívoco exercido

---

14) Como é observado por Lacan no Seminário do "Ato Psicanalítico" (LACAN, "L'acte psychanalytique". Séminaire XV, 1967/68. Publicação não comercializável da A.L.I., p. 151).

15) FREUD, Sigmund. "Algumas observações gerais sobre ataques histéricos". *Obras psicológicas completas* (SB), v. IX (1909), Rio de Janeiro, Imago, 1996. A representação mímica da fantasia é traduzida para o francês por *pantomima* da fantasia.

16) LACAN. "Télévision", *Autres écrits,* op. cit.

pela interpretação. Por outro lado, presentifica, em ato, a não-cumplicidade com a fantasia pela qual o sujeito tenta enrolar o parceiro.

Nossa resposta dá sua significação exata à demanda[17], ou seja, cava o intervalo significante em que se motiva o desejo, *cinge na enunciação da demanda o que diz respeito à falha do desejo*[18].

Talvez possamos interpretar a significação exata da demanda a partir desta frase que Lacan enuncia mais de uma vez, particularmente no Seminário "...Ou pire": *Je te demande de me refuser ce que je t'offre car ce n'est pas ça* [Eu te peço de me recusar o que estou te oferecendo porque não é isso].

Ce n'est pas ça...: "não é isso", porque os significantes da trama simbólica, as palavras sempre "outras", sempre do Outro, com as quais se formula a demanda nunca podem ser "Isso", o significante nunca pode alcançar a pulsão, embora ela se enrole em tentar se encaixar nos moldes da demanda do Outro. "Isso" que causa toda e qualquer demanda não pode encontrar sossego na resposta do Outro.

Essa recusa ao pedido de sentido é uma recusa que depende da estrutura e não da boa vontade do interlocutor; não adianta colmatar, completar: "não há", "não tem como". Essa "privação" fundamental é o que Freud chamou *Versagung*[19] — traduzido por frustração, frustração primordial — indicando várias vezes sua função na direção do tratamento analítico.

Responder à demanda como se fosse "Isso", como se fosse possível achatar o sujeito e sua divisão na resposta, provoca, sabemos por experiência, a inflação de demandas, transbordamentos, esmagamentos e outras devastações: as piores soluções.

Portanto, a especificidade da resposta analítica à demanda de pronto-socorro do sentido perdido consiste em levar a sério a dimensão da demanda e servir-se dela, driblando os curto-circuitos para fazer o sujeito produzir a resposta de seu desejo. O enigma que o move: uma bola invisível no campo das jogadas de sua vida, enlaçando sua causa irremediável com os parceiros de seu jogo.

---

17) *Notre réponse donne sa signification exacte à la demande.* LACAN. *L'ethique de la psychanalyse*, Séminaire VII, op. cit., p. 10.
18) LACAN. "D'un Autre à l'autre. Seminário XVI. Associação Freudiana Internacional — A.F.I., publicação não comercializável, p. 70.
19) HANNS. Luiz. *Dicionário comentado do alemão de Freud*. Rio de Janeiro, Imago, 1996.

Portanto, a "resposta exata" não aposta no lado do Pai e do princípio de prazer, mas prestemente *interprestando* "o que perdura de perda pura"[20]. A interpretação empresta a perda pura, o pior como aposta, para que se abra o campo do desejo comprimido pelos constrangimentos fantasmáticos, e desfazer o suposto que leva do pai ao pior.

O que o ser humano ganha com isso? *Travessia* — diria Riobaldo.

A PSICOTERAPIA RETORNA AO PIOR

Iniciaremos este ponto de conclusão tentando elucidar o eventual equívoco que possa permanecer na leitura do parágrafo anterior. De que pior se trata quando se fala da psicoterapia e quando se fala de psicanálise? Simplesmente, na psicoterapia o pior está situado no lugar da produção desse discurso, enquanto na psicanálise ele está colocado em posição de causa. Portanto, o pior é pior quando se localiza no plano da produção de qualquer operação, isto é, do lado da solução e de seu resto.

$$
\begin{array}{ccc}
\text{Psicoterapia} & \text{X} & \text{Psicanálise} \\
\underline{S_1} \rightarrow \underline{S_2} & \text{X} & \underline{a} \rightarrow \underline{\$} \\
\$ \quad a & & S_1 \quad S_2
\end{array}
$$

O nosso título, "A psicoterapia retorna ao pior", foi extraído do texto de Lacan *Télévision*, na resposta a uma pergunta precisa de J.A. Miller: *Psicanálise e psicoterapia, as duas só agem com palavras. No entanto, elas se opõem. Em quê?*

Lacan responde então sem rodeios: *O bom senso representa a sugestão. É aí que a psicoterapia se revira num curto-circuito; não que ela não exerça algum bem, mas que reconduz ao pior.*[21] Inegavelmente a psicoterapia exerce algum bem, mas este bem não evita **o retorno do pior,** o retorno do real excluído pela política do bem-estar.

---

20) LACAN. "Télévision", *Autres écrits,* op. cit., p. 345.
21) Idem, ibidem.

— O que estamos chamando de psicoterapia, no contexto dessa discussão, e qual é o seu limite?

Chamamos de psicoterapia o acolhimento da dor humana e da demanda de cura (S_1) que pretende responder (S_2), costurando e suturando ($S_1 \rightarrow S_2$) a ferida ($\$$), expulsando o mal (mal-entendido, mal-estar) como dejeto (a).

A atenção psicoterapêutica para com as melhores intenções, preocupa-se em apaziguar a dor da *falta a ser* com uma fala, uma resposta, uma interpretação que dê sentido, bom sentido, bom senso ao que do sujeito emerge como testemunho da ausência de sentido que o atormenta. Conduzido por essa preocupação, o terapeuta compreende, aconselha, orienta, indica solução, explica, restaura, restitui ao Ego sua função de maestria, por fim: tenta remediar, mas permanece na dimensão da sugestão: $S_1 \rightarrow S_2$.

Normalmente o terapeuta, na posição de destinatário da demanda, acha-se na incumbência de responder: $S_1 \rightarrow S_2$, e por isso é flagrado pela incompetência de sua resposta para suturar a dor$\rightarrow \dfrac{S_2}{a}$

Essa bem conhecida sensação de impotência, e até mesmo de impostura, é a marca de uma posição atrelada à crença de que poderia haver uma resposta certa para a ausência de saber que atormenta, para a dor de ex-sistir. Ela marca uma posição submetida à crença em um Outro suficientemente grande ou bom que poderia, que saberia "dar conta do recado". A posição psicoterapêutica, porquanto ela não é referida ao impossível da estrutura (impossibilidade, para o segundo significante, S_2, de corresponder ao primeiro, S_1), está fadada à impotência, e é isso que faz "sus ...piorar" os "analistas" que fundam seus gestos na referência a essa posição. Dizer que o Discurso Analítico "coloca o saber em posição de verdade" é dizer que o saber na psicanálise é *suposto* e não resposta, embora esta suposição sustente a perlaboração, a elaboração, a ficção do saber do analisante. O Discurso Analítico, pelo avesso do discurso da terapia, implica em que esse saber suposto só pode ficar em posição de verdade num "meio-dizer", incompleto e impossível de completar: $a \rightarrow S_2$

Efeitos terapêuticos

No entanto, como já dissemos, a psicanálise, à medida que acolhe a transferência e propicia a via da fala, tem efeitos terapêuticos. Freud, inúmeras vezes, define a psicanálise como psicoterapia, e Lacan brinca ao dizer que a psicanálise até pode "massagear, revigorar, assoprar, limpar", mas também explicita como ela consegue apaziguar o horror do fora de sentido com a suposição e solicitação do saber $S_1 \rightarrow S_2$. Assim, a experiência da análise, acolhendo a transferência de quem sofre, responde, apazigua e acolhe as diferentes maneiras de tratar a estrutura e o seu resto: o discurso da Histérica, o discurso Universitário, e o discurso do Mestre.

No entanto, não são esses efeitos que orientam a experiência, mas o Discurso do Analista. O analista opera, em ato (no ato), cortes e faz vacilar essas "soluções"; ele se arrisca a sub-pôr o saber e dispensar o pai. O seu ato não se faz em nome do pai, ele intervém em nome daquilo que *não cessa de não se inscrever*, em nome daquilo que surge em cada discurso como fora do sentido. Ele se mete, intromete a sua presença nas soluções do sujeito em nome daquilo que faz mal quando transborda, intervém em nome do pior como causa: "a".

Nesse ponto, não podemos negar que existem momentos cruciais das análises, provocados pelo próprio tratamento ou por circunstâncias externas, que desencadeiam uma angústia tal que torna difícil essa direção "do pai ao pior". São momentos em que o manejo da transferência e o manejo da angústia parecem entrar em colapso e tornam particularmente árdua a manutenção da via analítica, o que Lacan nota ao evocar o horror do ato analítico.

A manutenção da via analítica é desconfortável mas é responsabilidade do analista, o que conduz Lacan a localizar a resistência do lado deste. Ele próprio testemunhou os encontros com esses desconfortos circunstanciais e estruturais na sua experiência clínica, como por exemplo quando declara *O pior é tentador até para mim* — "pior" aqui tomado no sentido da solução que escamoteia o real da castração.

Há, portanto, uma dimensão terapêutica primordial na experiência de fala e de transferência da análise, mas não é essa dimensão que especifica o ato analítico.

Freud várias vezes denunciou o limite desses efeitos curativos do dispositivo analítico, mencionando em vários lugares que: *O melhor pode ser o inimigo do bem* e evocando pacientes que rapidamente sossegavam e adormeciam numa inércia encobridora e sonegadora.

Por outro lado, em "Análise terminável e interminável"[22], enquanto apresenta a dimensão terapêutica da psicanálise como domesticação das pulsões e como experiência de reforço do trabalho agregador do Eu, ele não deixa de demonstrar e desenvolver, com amplas referências à clínica, a impossibilidade do adestramento do *fator quantitativo da pulsão* que, cedo ou tarde, acaba por transbordar os limites estreitos do Eu, complicando a possibilidade de determinar com precisão o fim de uma análise.

Apesar do questionamento, pelo próprio Freud, desse caminho da domesticação pulsional, foi o mal-entendido causado pelo *Wo es war soll Ich werden*[23] que autorizou interpretações da direção da análise em termos de adestramento, reeducação emocional, pedagogia e sugestão.

Outra possibilidade de desvio da proposta analítica se encontra do lado do bom samaritano, que pretende medicar, restaurar, remediar a dor de existir. Tanto o pedagogo quanto o médico encontram-se indubitavelmente ao avesso do analítico. Isso não quer dizer que esses esforços não valem nada, *Não que não exerçam algum bem...*, mas não têm chance alguma de suturar a divisão do sujeito que o determina e o real que o afeta. As boas intenções não reduzem a divisão subjetiva e suas manifestações na clínica: inibição, sintoma, angústia, culpa, pesadelos.

Essas soluções retornam ao pior à medida que, tentando preservar o sujeito, colocando-o à distância do real, contribuem, de uma certa forma, para debilitá-lo, deixando-o sem recursos ou desenvoltura frente às eventualidades inevitáveis de suas reviravoltas.

A tentação psicoterapêutica retorna ao pior porque a tentativa de responder à divisão, almejando completar o sujeito com a boa palavra

---

22) FREUD. "Análise terminável e interminável". *Obras psicológicas completas* (SB), v. XXIII. Rio de Janeiro, Imago, 1975.
23) FREUD. "Novas conferências introdutórias à psicanálise". *Obras psicológicas completas* (SB), v. XXII. Rio de Janeiro, Imago, 1974.

que faltaria, parece uma tentativa de fazer *Um* com o dois do S_2, o significante sempre Outro, ou seja, qualifica-se como uma tentativa de foraclusão do sujeito dividido, esmagando o seu âmago que exsiste e reside no intervalo entre um significante e outro. O pior se manifesta quando *o que é recusado no simbólico retorna no real* conforme advertiram tanto Freud quanto Lacan.

A psicoterapia volta ao pior porque mantém a crença em um grande Outro consistente o bastante para responder à questão do ser. Esta crença tem um preço alto, já que a neurose nela se alicerça. O neurótico se furta e sacrifica com a dedicação fantasmática que lhe assegura a presença do Outro. Ele se equivoca quando completa o Outro com seu sintoma neurótico para dar-lhe razão e garantir sua consistência, reduzindo sua transcendência radical à imanência trivial realizada pelo seu sintoma.

A psicoterapia retorna ao pior porque a resposta fantasmática, embora possa ser qualificada como auto-terapia (como o delírio é uma auto-cura), esbanja na clínica as suas piores versões e perversões. Lembrando do paradigma de "Bate-se em uma criança"[24], notemos que o fantasma encontra freqüentemente uma solução baseada no modelo analógico que constitui o masoquismo, fazendo-se de estrupício e dejeto como analogia à Coisa que não cabe no significante.

A psicoterapia volta ao pior porque o circuito, curto, da "realização" fantasmática provoca curto-circuitos na humanidade de cada um. É a partir dessas considerações que podemos apreender os fenômenos de *acting out*, de passagem ao ato, de recrudescência dos sintomas (diversificação e/ou inflação) assim como as análises infinitas e a conhecida "reação terapêutica negativa", que tanto impressionava Freud. É a partir dessas considerações que podemos retomar a frase: *a psicoterapia retorna ao pior — ramène au pire*.

Mas então o que podemos esperar, depois de tanto trabalho, de tantas vezes transferir a dor em palavras, de tantas e tantas voltas nos ditos? Qual é a incidência almejada pelo procedimento analítico, qual é o fim desses meios tão paradoxais, tão fora do bom senso?

---

24) FREUD. "Uma criança é espancada", *Uma neurose infantil e outros trabalhos* (1917-1919), *Obras psicológicas completas* (SB), v. XVII. Rio de Janeiro, Imago, 1976.

ÉTICA DO DESEJO E *BON-HEUR*

O que se pode esperar da psicanálise? Nada do lado da esperança; bastante do lado do saber (*saber ao que te destina teu inconsciente...* de um lado, e de outro o "gaio saber"); bastante no caminho do desejo e também do lado do *bon-heur*! Se não fosse por demais provocante, eu poderia completar o nosso título dizendo: a psicoterapia retorna ao pior e a psicanálise conduz ao *bon-heur*!

Várias vezes Lacan lança mão desse desafio que parece até piada e geralmente espanta quem sofre a experiência trágica da psicanálise.

Não se pode **esperar** o *bon-heur*, a boa hora, a sorte feliz; mas ele pode *eventualmente* se produzir em decorrência de uma análise. Para isso, diz Lacan, a esperança é fútil, pois o que se almeja é a própria contingência, o inesperado. A contingência depende da capacidade de se separar da teimosia de querer fazer Um com o Outro, da capacidade de se separar da solução fantasmática repetitiva, limitada e previsível e devolver à repetição pulsional a sua plasticidade.

Produzir o **incurável**, como dizia Lacan ao falar do que se poderia esperar de um processo analítico, consiste em esvaziar a auto-terapia da fixação fantasmática e dar chance a outro tipo de satisfação. Nesse sentido o **não ceder em seu desejo** que formula, no Seminário 7[25], a orientação ética da psicanálise não é uma saída permissiva de acesso a todos os gozos possíveis, nem uma conformação, no sentido de uma acomodação pela infinitização da insatisfação.

Não ceder em seu desejo é, a partir do incurável, da castração, estar disposto a acolher o bom encontro como algo que satis-faça.

Resulta disso — diz Lacan em *Télévision* — *que a análise inverte o preceito do bem-fazer e deixar dizer até o ponto que o Bem dizer satisfaça.*

Um dos nomes possíveis para a satis-fação — *um fazer que basta* — poderia ser o que Lacan chama no final de seu ensino: **A identificação ao sintoma.**

Nem ficção nem fixação, "fixão" inventa Lacan, indicando assim a via da invenção na qual cada um precisa se arriscar quando larga as suas aderências ao Outro suposto mandamento ou desejo.

---
25) LACAN. *L'ethique de la psychanalyse*. Séminaire VII, op. cit.

Vemos que a partir dessa perspectiva, embora Lacan defina a experiência de uma análise como experiência trágica na qual o que perdura de pura perda se empresta na interpretação para quem aposta na direção do pai ao pior, mesmo assim a direção que ele indica para a saída ultrapassa o impasse freudiano da castração, propondo-a como princípio de um passo, de um passe.

Na psicanálise, colocar o pior em causa faz passe.

Bem dizia Riobaldo — no fim:

Nonada — O diabo não há! E o que eu digo, se for...Existe é homem humano. Travessia.[26]

Dominique Fingermann

---

26) GUIMARÃES ROSA. *Grande Sertão: Veredas,* op. cit., p. 538.

SINTOMA... OU ANGÚSTIA

> Ando às voltas com um sentimento que me revela que não posso experimentá-lo e é nesse momento que o experimento com uma força que faz dele um tormento indescritível. E isto não é nada, pois eu poderia senti-lo diferente do que ele é, assombro sentido como gozo. Mas o horror está no fato de que a partir dele se tem consciência de que nenhum sentimento é possível, como também nenhum pensamento e nenhuma consciência. E horror pior está no fato de que, ao apreendê-lo, longe de o dissipar como a um fantasma em que se toca, eu me iludo imensamente quanto a ele. (...) Todos os sentimentos jorram pra fora de si e convergem destruídos, abolidos, em direção a esse sentimento que me molda, monta e desmonta, e me faz sentir dolorosamente, numa total ausência de sentimento, minha realidade sob a forma do vazio. Sentimento que é preciso nomear e que eu chamo de angústia.
> Maurice Blanchot, *Thomas l'obscur*[1]

---

1) BLANCHOT, M. *Thomas l'obscur*. Paris, Gallimard, 1999, p. 122

A clínica psicanalítica suporta o real impossível de suportar. Falar "a clínica" é uma maneira de dizer: "o dispositivo analítico" (*cujo real toca o real*[2]) ou ainda: "o psicanalista", ou, mais precisamente: "o desejo de analista" suporta o real impossível de suportar. A expressão "o desejo de analista suporta o real" quer dizer que o analista com seu desejo, agüenta, assim como, dá sustentação ao inarticulável, ao inimaginável, ao impensável. "Com seu desejo" *de analista* e não com um desejo de fulano ou cicrano, isto é, com um destino pulsional peculiar produzido pela sua análise e que lhe permite suportar a transferência do analisante, suas equivocações e seus golpes reais sem responder nem corresponder à demanda que ela implica, completando e perpetuando sua instalação no sintoma.

A neurose instala um sujeito no sintoma porque o sintoma também faz isso: dá suporte e sustentação ao inarticulável, ao inimaginável, ao impensável. Para cada um, para qualquer um, o sintoma suporta o real impossível de suportar. Eis um ponto de intersecção entre o psicanalista e o sintoma. O dispositivo analítico proporciona vários outros pontos de encontro, o percurso de uma análise explora e desenvolve as diversas modalidades de encontro entre o psicanalista e a *varidade*[3] do sintoma (tanto sua verdade quanto sua variedade).

A angústia, ela é insuportável. O seu instante de emergência indica o real impossível de suportar. O real impossível de suportar não tem remédio, mas tem tratamento: o sintoma é um deles, o psicanalista outro. Tem outros tratamentos.

A angústia não é um tratamento possível do real. A angústia não é tola (não é nem *dupe*[4] nem do pai). Ela não se deixa enganar tão

---

2) LACAN. "...Ou pire", Seminário XIX, 71-72, (1975) em *Autres écrits*, Paris, Seuil, 2001 (resumo), p. 548; Paris: A.F.I., 1997.
3) Varidade tradução do neologismo "Varité" usado por Lacan no seminário "L'insu que sait...": "il faudrait voir s'ouvrir la dimension de la vérité comme variable, c'est à dire de ce que ,en condensant comme ça les deux mots, j'appelle la variété avec un petit e avalé, la varité". ("L'insu que sait de l'une bévue s'aile à mourre", Seminário XXIV, 1976-1977, aula 6, 19.04.1977. Revista *Ornicar?* 12/13).
4) Em francês seria: "ni dupe, ni du pére", referência ao seminário de Lacan "Les non-dupes errent" (Seminário XXI) e à tese de Lacan que localiza o neurótico como tolo (*dupe*) se deixando abobalhar pelo pai, isto é, pela metáfora paterna, mas se não se deixar... é pior.

facilmente, nem engana, a angústia escancara: o real é impossível de suportar mesmo. Na maioria das vezes a angústia é um momento ruim de passar, mas passa. Quando a angústia perdura, perdura como perda pura, sem o pai, sem ser *dupe*, nem pato(lógico), então o sujeito pode ficar tomado, suspenso nos pontos de suspensão... nas reticências do sujeito, no furo do significante, no dizer que "não há",[5] no *assombro sentido como gozo*. O sujeito pode ficar suspenso, preso, siderado, no real, identificado à perda pura.

O melancólico não **passa** pelo real como algo impossível de suportar, o melancólico **fica na pior**. A melancolia parece um instante infinitizado de angústia numa *slow-motion* perpétua. Ao perguntar para um sujeito tomado na sua melancolia o que ele precisava fazer para ligar para fulano, ele respondeu:

— Precisa pegar o telefone!
— Sim, mas o que há entre a intenção e o telefone?
— Há, não vale a pena... errei... tentei... estraguei, perdi, não deveria, não deveria ter sido, não vou conseguir, não há esperança...

Entre a intenção e o telefone há o real impossível de suportar. É *Unbeträglich*,[6] insuportável, intolerável, incompatível, inconciliável, diz Freud para localizar o que na experiência da existência não se liga, nem associa, nem representa e constitui o trauma original do nascimento do sujeito. É real, o inconciliável do sujeito e de sua causa, é irremediável o trauma do *não há relação sexual*. Cada milímetro do gesto é impedido pela impossibilidade de relação (entre qualquer manifestação do sujeito e o que ele é *realmente*), é cancelado por causa da vaidade do artifício: "é inútil, não serve para nada", diz geralmente o melancólico.

O melancólico não tem sintoma, para tratar o pior com o mal, ele é angústia — ele não faz "letra",[7] ele é "litter" — rasura, lixo,

---

5) "Não há..." se refere ao "não há relação sexual", aforismo de Lacan para designar a ausência de proporção entre o significante e o sexo, aqui evoca o "deserto" do real e a castração.
6) MASSON, Jeffrey Moussaieff (ed.). *Correspondência completa de Sigmund Freud para W. Fliess, 1887-1904*. Rio de Janeiro, Imago, 1986.
7) Letra, em francês: "lettre", que Lacan faz rimar com "L'être": o ser, a marca do ser, ou do a-sujeito.

dejeto, o próprio *abjeto*[8] — identificado ao objeto que não há. "Todos os sentimentos jorram pra fora de si e convergem destruídos, abolidos, em direção a esse sentimento que me molda, monta e desmonta, e me faz sentir dolorosamente, numa total ausência de sentimento, minha realidade sob a forma do vazio."

DO MAL AO PIOR

O sintoma é um tratamento do real, uma resposta à angústia. O sintoma trata o pior com o mal — que se declina com todas as formas possíveis do sinto-mal (mal-estar, mal entendido, mal comido, mal dito).

Uma análise não começa sem o sintoma (o tratamento do pior pelo mal) e se termina não sem a angústia. Pode-se até dizer que a psicanálise é um tratamento do mal pelo pior. Todavia, aí não se instala nem permanece; não se fica na pior (a não ser que aí encontre sua permanência existencial).

O ensino de Lacan indica o caminho do fim, a direção da saída, como o *sens-issue*,[9] como *o melhor que se pode esperar de uma análise no seu fim*,[10] é o caminho da letra que ele não hesitou várias vezes em chamar de *bon-heur* (boa hora).

Um passante, no dispositivo do passe, pode contar o melhor que se pode esperar de uma análise no fim, ele pode contar como passou várias vezes — idas e voltas — de sintoma a angústia e retorno, do mal ao pior e retorno. No fim, se consegue optar por um sintoma que "satisfaça" o sujeito, mas que não dá satisfação ao Outro, é um sintoma que não intenta completar o furo do simbólico e a castração do Outro e dos outros (insaciáveis) de sua novela familiar. Pode se contar no fim, como finalmente se

---

8) Abjeto, do neologismo "abjet" usado por Lacan em "Télévision". *Autres écrits*. Paris, Seuil, 1974, p. 525.
9) *Sens-issue*: expressão usada por Lacan no texto "Discours à l'EFP" (Discours à l'Ecole Freudienne de Paris, *Scilicet* 2/3, 1970. *Autres écrits*, Paris, Seuil, 2001, p. 266). O trocadilho transforma o impasse do *sans issue* — sem saída, ao passe do "sens-issue": sentido/rumo extraído, deduzido do real.
10) LACAN. "Lituraterre", *Autres écrits*, op. cit., p. 11.

decide pelo "meio-dizer" de um sintoma no ponto em que vacila o seu sentido. Pode se contar enfim como nesse ponto de báscula se precipita algo que faça letra, que faça às vezes de um ponto de ser.[11]

O TRAUMATISMO[12] DO NASCIMENTO

Uma análise não começa sem o sintoma, e a vida do sujeito, começa como? Com sintoma ou com angústia?

A vida do sujeito começa com o desejo do Outro — não tem jeito. Esse desejo desde o início se apresenta como enigma, incógnita, embate traumático com a alteridade. O Outro ama ou deixa, devora ou abandona, isto é real. A angústia do nascimento é um mito ao qual Freud recorre para descrever o fenômeno fisiológico da angústia, mas que pode servir para dizer deste momento "zero" do sujeito como efeito de real, onde a derelição — a *Hilflösigkeit*/desamparo suspende o sujeito ao desejo enigmático e improvável do Outro.

Em um de seus primeiros matemas, Lacan escreveu este início pela angústia, na sua escrita da *metáfora paterna*:

$$\frac{\text{Nome do Pai}}{\text{\textit{Desejo da Mãe}}} \quad \frac{\text{Desejo da mãe}}{X}$$

Na metáfora paterna o "X" designa a incógnita do sujeito, suspensa ao capricho do Outro. O Nome do Pai é ***letter***, ele rasura o desejo da mãe, mas é também o ***significante*** que substitui, metaforiza e desloca essa suspensão incerta ao desejo materno, identificando o sujeito a partir dessa rasura e, pela primeira vez, inaugurando a dimensão sintomática.

Sintoma e angústia estão, portanto, inseridos e articulados nas origens edipianas do sujeito. É interessante ler nas "Novas Conferências" de

---

11) Fazer letra e fazer ser: uma mesma operação (fixar um traço pulsional que faz às vezes do ser) que a homofonia em francês manifesta em ato *faire lettre* e *faire l'être*.
12) LACAN. "Nous inventons un truc pour combler un trou dans le réel. Là où il n'y a pas de rapport sexuel, ça fait troumatisme" (Seminário XXI, "Les non-dupes errent", inédito, aula de 19/02/74).

Freud a seguinte observação: "Em nossa opinião, o investimento do objeto materno tinha sido transformado em angústia e depois, ligado ao substituto que é o pai, tinha se manifestado pelo sintoma."[13]

Freud, na sua *práxis da teoria* constantemente enlaçada com as questões da clínica, nunca cessou de explorar as relações recíprocas entre o fenômeno da angústia e a formação dos sintomas, tanto na constituição do sujeito quanto na sua apreensão na cena analítica. A angústia é essencialmente um fenômeno de tensão, de suspensão, de questão, uma situação psíquica de espera, sem articulação nem ligação, em ruptura e disjunção radical com tudo o que há. Vejamos como ele descreve o fenômeno:

> ... aparição no psiquismo de um estado de tensão ressentido como um desprazer e do qual não se pode livrar — libertar com uma descarga (...) impossível de descartar, afastar, segundo o princípio de prazer.

O sintoma, por sua vez, é da ordem da resposta, da solução, da articulação, da ligação psíquica, da metáfora, que substitui um representante ao gozo pulsional.

"Existe uma relação muito importante" — diz Freud — "entre a produção de angústia e a formação dos sintomas. Observa-se aí uma ação recíproca — os dois fenômenos podendo substituir-se mutuamente, a produção inicial de angústia é barrada pela formação de sintoma.[14] (...) Parece que a produção de angústia precedeu a formação de sintoma, como se os sintomas tivessem sido criados para impedir a aparição do estado ansioso."[15]

A PSICANÁLISE NÃO PROTEGE DA ANGÚSTIA

Essa simetria negativa entre produção de angústia e formação de sintoma explicita a constatação clínica evidente, mas que não deixa

---
13) FREUD. "L'angoisse et la vie instinctuelle" em *Nouvelles conférences sur la psychanalyse*. Paris, Gallimard, 1971, p. 114.
14) FREUD. *Nouvelles conférences sur la psychanalyse*, op. cit., p. 111.
15) Idem, p. 112.

de espantar os analistas, apesar de Freud nos ter avisado: "A formação de sintoma (...) protege do acesso à angústia. É o inverso do que constatamos quando se tenta intervir na formação do sintoma".[16]

Portanto, se a operação analítica é a operação do sintoma,[17] essa via não será praticável sem o manejo da angústia que surge ao tocar na consistência do sintoma pelo trabalho da transferência que o coloca em questão. Quando alguém resolve procurar um psicanalista é na maioria das vezes por que seu(s) sintoma(s) perderam a função de preservá-lo da angústia. No entanto, é com o sintoma que a experiência de uma análise começa. O "sintoma analítico" consiste na inclusão do analista como complemento do sintoma, para permitir, em seguida, que se opere com ele, sobre ele, não sem angústia. Operar com o sintoma é abrir *o seu invólucro formal*,[18] abrir a resposta à qual ele dá consistência para saber qual era a questão do sujeito, qual era a questão à qual pretendia responder com esse artifício. Fazer do sintoma questão — transformá-lo em questão do sujeito — pela operação do *sujeito suposto saber* é des-cobrir o que o invólucro formal encobria: uma variedade de formas que remetem ao mesmo molde. Nessa descoberta, des-cobertura, des-velamento, constrói-se, revela, evidencia-se o axioma, o *enforme*,[19] o molde fantasmático de todas as formas do sintoma.

O FANTASMA, POR PIOR QUE SEJA...

Este molde fantasmático articula de uma maneira peculiar o sujeito com o objeto ($<>a). O fantasma **institui** o sujeito, ancora, amarra a sua deriva a partir de uma interpretação do desejo do Outro que se fixa numa matriz significativa, válida para todas as manifestações sintomáticas do sujeito. O fantasma, por pior que seja, é confortável, pois ele dá forma e contorno à incógnita do desejo do Outro.

---
16) FREUD. *Nouvelles conférences sur la psychanalyse*, op. cit., p. 112.
17) LACAN. "Du sujet enfin en question", *Écrits* I. Paris, Seuil, 1966, p. 234.
18) LACAN. "De nos antécédents", *Écrits* I, op. cit., p. 66.
19) LACAN. "Enforme", palavra antiga do francês que designa a forma usada para moldar um chapéu de feltro e que Lacan utiliza para falar do objeto *a* ("D'un Autre à l'autre ["De um Outro ao outro"], Seminário XVI, inédito, aula de 14.05.69).

Maurice Blanchot, no seu romance *Thomas l'obscur*, oferece-nos várias formulações de soluções fantasmáticas que realizam o "não sou" do "Cogito blanchotiano": *penso, logo não sou*,[20] explicitado e romanceado nessa obra. O "Não sou" se realiza nas *formas monstruosas do sem forma*. Por exemplo, o aparecimento fantástico, "obsceno e feroz", que surge das próprias palavras do livro que Thomas está lendo, sob a forma de ratos tétricos que o devoram para logo em seguida serem comidos por ele.[21] Ou ainda, o personagem de Anne *cuja morte era uma astúcia para dar corpo ao nada*.[22]

> ... em seu próprio âmago — escreve Blanchot — havia algo como um ideal funesto, um vazio do qual eles sofriam a tentação, que eles ressentiam como uma pessoa de uma realidade tão completa e tão importante que lhes era necessário preferi-la mais do que a qualquer outra, até mesmo pelo preço da sua existência. Então abriam-se as portas da agonia e eles se precipitavam no seu erro. Eles se diminuíam, esforçavam-se para reduzir-se a nada, para corresponder a esse modelo de nada que eles tomavam por um modelo de vida.[23]

Essas astúcias, essas formas do "eu não sou", formatam a "separação do sujeito" e a encena da maneira mais tétrica e teratológica que se possa imaginar. Elas se moldam e modelam a partir da angústia inicial e da consistência imaginária que se dá à falta do Outro neste tempo da *causação* do sujeito, no qual *reside uma torção através da qual a separação representa o retorno da alienação*.[24] Ao se separar do Outro quando topa com a sua insuficiência fundamental, o sujeito se precipita nas suas brechas se produzindo como o que faz falta ao Outro, como aquilo que produz no Outro a sua mancada, a sua falha: uma separação que *representa o retorno da alienação*.

---

20) BLANCHOT. *Thomas l'obscur*, op. cit., p. 114.
21) Idem, p. 32.
22) Idem, p. 102.
23) Idem, p. 107.
24) LACAN. "Position de l'inconscient" em *Écrits* I, op. cit., p. 844; "Posição do inconsciente", *Escritos*, Rio de Janeiro, Jorge Zahar, 1998, p. 858.

Do sintoma à angústia

O analista então, incluído como complemento do sintoma, permite num primeiro tempo que a resposta do sintoma e a astúcia que ele encobre sejam questionados, perlaborados, construídos. O que se constrói é: como as diversas soluções do sujeito enganam a dor de existir, como as formas dadas ao objeto obturam a dor da sua falta essencial, como as soluções sintomáticas tratam a questão do desejo do Outro das maneiras mais variadas. *Varidade* do sintoma, que remete verdadeiramente a algumas formas específicas do objeto do desejo:

— *objeto fóbico*: que prende o desejo como impedido e prevenido;
— *objeto fantasmático*: nas formas que encenam (pantomima) o desejo como impossível ou insatisfeito (como Anne e Thomas no romance de Blanchot);
— *objeto fetiche*: que curto-circuita o desejo.

No palco da transferência montam-se essas cenas de versões do sintoma que por um bom tempo afastam a angústia. No entanto, é na transferência que o analista passa ao ato e trata o mal pelo pior, o sintoma pela angústia.

O desejo de analista entra em função para esvaziar as significações fantasmáticas do sintoma (e devolver-lhe a sua verdadeira função de separação e de destaque). O desejo de analista causa, e provoca a angústia para *extrair da angústia a certeza*,[25] e concluir: "não era nada — NADA mesmo".

A operação do analista, o seu ato, o seu corte, consiste em fazer equivocar o sentido fixado, preso, nessas formas dadas ao "não sou". No entanto, ao des-cobrir as respostas, volta-se à questão e à angústia.

Onde a transferência encena — mostra — os diversos modelos de impasse do sujeito e de seu desejo alienado, o desejo de analista presentifica a alteridade radical e corta todo sentido possível, *demonstrando as aporias*[26] dos jogos neuróticos. O analista, incluído

---

25) SOLER, Colette. *A angústia na cura*. Salvador, Fator, 1991, p. 64.
26) LACAN. "Discours à l'EFP", *Autres écrits*, op. cit., p. 266.

pela transferência no lugar de complemento do sintoma, que confirma o sentido do sintoma, não opera desde este lugar, mas desde a função "desejo de analista" — função real pela qual, dentro do dispositivo, *um real toca o real* e daí infirma o sentido do sintoma. Depois de uma análise o sintoma fica sem sentido.

O desejo de analista demonstra as aporias do sentido, produz o *ab-sens*,[27] a ausência de sentido — *sens-issue* — esvazia o sentido, produz o vazamento do sentido e não sua fuga infinitizada.[28] É o equívoco da interpretação (presta para *emprestar* o que perdura de perda pura[29]) que opera o esvaziamento do sentido obturador. O equívoco denuncia a fixação de sentido que a neurose de transferência escancarava, produz o vacilo que estremece a instituição do sujeito e faz emergir a angústia que a significação fantasmática de todas as formas sintomáticas recobriam. O equívoco da interpretação faz perder o sentido da equivocação da transferência. A função desejo de analista faz objeção ao amor de transferência, que preserva a angústia e evidencia o "sem sentido" do desejo do Outro. O desejo do Outro não é sua demanda, nem é de nenhum outro particular. O desejo do Outro é simplesmente o Outro, é simplesmente a alteridade radical do Outro, a falha radical no saber do Outro, falha sem complemento possível. Há falha... há um objeto causador desta falha... Há falha: não há proporção dos sexos possível.

O desejo de analista faz emergir a angústia; a angústia não engana a respeito desse objeto que divide o sujeito. A angústia é passagem forçada no caminho da destituição do sujeito *a angústia é o afeto da destituição subjetiva*,[30] diz Colette Soler.

Portanto, o percurso de uma análise parte do sintoma — tratamento do real — para produzir a angústia, evidência do real, mas isso não é o fim da partida.

---

27) LACAN. "L'Étourdit" (1972), *Autres écrits*, op. cit., p. 452.
28) LACAN. "Introduction à l'édition allemande d'un premier volume des Écrits", *Autres écrits*, op. cit., p. 553.
29) LACAN. "Télévision", op. cit., p. 545.
30) SOLER, C. "Variantes da destituição subjetiva", *Stylus*, Revista de Psicanálise da AFCL, n. 5, 2002, p. 11.

A REVIRAVOLTA DO SINTOMA

A angústia não é o fim da partida, além de um "simples" percurso de sintoma à angústia, uma análise desemboca numa nova escolha forçada, pela qual se atravessa por sua vez a angústia e o que ela implica de estupor e imobilização para produzir um novo recurso. No fim de um percurso analítico o que se torna a pulsão? A que será que se destina?

O título "Sintoma... ou angústia" ostenta alusões evidentes ao título do seminário de Lacan "...Ou pire". Lacan demonstra ao longo do seminário que tudo o que vai se colocar para completar as reticências, para substituir, obstruir a falta radical de relação, é pior. Tudo o que, com as melhores intenções, recobre essa impossibilidade, "retorna ao pior". "Não há relação sexual... ao sair disso vocês enunciarão, dirão nada a não ser o pior".[31]

"Sintoma... ou angústia" dialoga também com um texto de C. Soler, intitulado *Identificação ao sintoma ...ou pior*.[32] Esse título explicita o que o texto desenvolve a partir desta premissa: "Quando Lacan diz que identificar-se ao sintoma é o que pode ser feito de melhor, ele deixa a entender claramente que há outras possibilidades... piores".

Partirei dessas asserções para argumentar e precisar dois pontos em relação à saída da análise e ao retorno do sintoma:

1. Se a angústia for uma passagem necessária de uma análise — passagem, momento crucial — momento de passe, ela não constituiu o fim da análise (tanto quanto a angústia é passagem da organização psíquica e não um fim). Na *Nota italiana*[33] Lacan adverte que, para que uma analise produza um analista, para que no fim funcione o desejo de analista, não basta "a destituição subjetiva", mas é necessário o entusiasmo, é necessário um novo rumo para a pulsão. Com efeito, se a angústia não for um instante apenas, um instante de ver, para logo compreender e concluir, se a angústia for um estado permanente,

---

31) LACAN. "...Ou pire", Seminário XIX, *Autres écrits*, op. cit., p. 10.
32) SOLER, C. "L'identification au symptôme ...ou pire", exposição na jornada de 10/11.7.1999 do FCL, "Versions du symptôme"; *Link* n. 5, nov. 1999, p. 33.
33) LACAN. "Note italienne", *Autres écrits*, op. cit., p. 309.

ela constitui uma relação de sideração a um desejo do Outro consistente e paralisador das operações possíveis do sujeito a partir do "objeto a" (na melancolia, mas também na obsessão e na síndrome do pânico, com a angústia feita sintoma).

F. Gorog[34] precisa como o que constitui a angústia é um mecanismo que faz aparecer no lugar que ocupa o "a" — objeto do desejo — **alguma coisa**, e como a estrutura da angústia é a mesma que a do fantasma.

Essa dimensão da angústia foi precisamente indicada por Freud no "Além do princípio de prazer" quando localizou a angústia como defesa em relação aos arrombamentos traumáticos oriundos do real.

"Ficar na pior" — instalar-se na angústia consiste em transformar o objeto do desejo em "alguma coisa" e obturar seu efeito causador.

2. A angústia, não engana, porque sinaliza "o objeto-abjeto", aquilo que faz objeção ao sujeito, e assim ela permite orientar a operação do esvaziamento de sua consistência imaginária. A angústia direciona o ato do analista que corte e separa o sintoma de seu sentido. A angústia, passagem necessária de sintoma a sintoma, é a alavanca que faz báscula e precipita de um sintoma que completa, complementa a falta de proporção sexual, a um sintoma (*Sinthome*) que suplementa: um mais Um, Um a mais (sem dois). O seu manejo produz um giro que conduz a um sintoma, a uma solução, que seja de suplência e não de obturação.

"Nossa escrita S₁ não faz o Um, mas indica-o como podendo não conter nada, ser um saco vazio",[35] diz Lacan no seminário "Le sinthome". O sintoma como letra não preenche, esvazia.

O manejo da angústia pelo desejo do analista propicia que a separação não seja uma volta da alienação e que o sintoma no fim chegue a este ponto de *rebroussement*,[36] de reviravolta, de transtorno, em que ele volta em efeitos de criação, nos giros que no final das contas fazem passar do Discurso do Mestre ao Discurso do Analista.

---

34) Gorog, Françoise. "L'angoisse du clinicien par l'homme libre concerné", *Cahiers du Collège Clinique de Paris*, L'angoisse dans les structures cliniques, p. 15.
35) Lacan. "Le sinthome", Seminário XXIII (1975/1976), aula de 18.11.75. Paris, Association Freudienne International, 2001; ed. não comercial.
36) Lacan. "De nos antécédents", *Écrits*, op. cit., p. 66.

O sintoma no fim é como um significante novo que não espera o complemento do Outro, ele pode se apresentar com certa irreverência mas não com cinismo pois faz laço, um laço que não parte da maestria e da ocultação, mas que por partir da causa perdida, produz o novo: um a mais, um destaque.

O sintoma assim pode ser antidepressivo mas não tranquilizador. E mais, ele desperta, desanestesia e desassossega. Ele passa e repassa pelo ponto de angústia em que o desejo do Outro não faz sentido.

> Sin — A falha original —... é a vantagem de meu *sinthome* de começar por aí: a necessidade que não cessa a falha.[37]

Ele passa e repassa pelo pior da estrutura sem nunca se perder aí; contorna, pinta... borda... ainda um pouco... ainda sempre. Como diz Beckett:

> É preciso continuar ainda um pouco, é preciso continuar ainda muito tempo... é preciso continuar ainda sempre.[38]

O sintoma, diz Lacan, é o que não cessa de se inscrever, única maneira de suprir verdadeiramente "o que não cessa de não se escrever": *Il faut l'écrire à tout prix le non rapport* (é necessário escrevê-la a qualquer preço, a não relação)[39]

O sintoma não cessa de inscrever, ainda sempre (não a proporção sexual, caso do fetiche), mas a não proporção sexual.

O sintoma, para além da angústia, é um meio-dizer de verdade, ele não faz sentido, apenas pode fazer rumo, sulco, trilho, letra.

Se a angústia não engana e des-cobre o objeto, o sintoma no fim, equivoca e por isso é verdadeiro. Sempre meio-dizer, ele opera com o objeto e faz vacilar o sentido, produzindo a mesma escroqueria que na poesia ele "faz com que um sentido seja ausente",[40] com o

---

37) LACAN. "Le sinthome", Seminário XXIII, op. cit.
38) BECKETT, Samuel. *L'innominable*. Paris, Minuit, 1953, p. 181; *The Unnamable*. Nova York, Grove Press, 1991.
39) LACAN. "...Ou pire", Seminário XIX, op. cit., p. 12.
40) LACAN. "L'insu que sait de l'une bévue c'est la moure", Seminário XXIV, op. cit., p. 111.

artifício da escritura que restitui a estrutura do nó borromeano, ou seja, realiza, torna real que o furo do simbólico seja inviolável.⁴¹

O equívoco promove, provoca a ruptura do *semblant* — que Lacan escreve *sens blanc*⁴² — é isso que faz letra, faz ser, parecer, autoriza a comparecer, cingindo o furo do sentido o mais próximo do ser.

Dominique Fingermann

---

41) LACAN. "C'est ça que veut dire le noeud borroméen, que le trou du symbolique est inviolable" (Seminário XXII, "RSI", 1974-75. Revista *Ornicar?*, Paris, Navarin, 1976).
42) LACAN. "Le réel c'est le sens-blanc par quoi le corps fait semblant dont se fonde tout discours" (Seminário XXII, "RSI", op. cit.).

OS DESTINOS DO MAL: PERVERSÃO E CAPITALISMO

Perplexidade

No mundo moderno, o pior é pior? Retomo aqui a questão precisamente formulada desde o início do seminário *Por causa do pior*: o pior de hoje é pior? A questão não é nova, infelizmente, e parece mesmo banal, mas ela se apresentou com uma certa urgência, ao folhear fortuitamente um livro de Bertrand Russell[1] escrito em 1952, em plena Guerra Fria, à beira de uma eventual terceira guerra mundial: o pior do pior estava por acontecer. A questão de Russel pareceu particularmente contundente devido às circunstâncias da sua leitura: deparei-me com esse livro no *day after*, o 11 de setembro de 2001.

Retomo a sua indagação, embora as respostas do grande lógico que soube demonstrar as aporias e os paradoxos da ciência matemática pareçam hoje bem ingênuas. Com efeito, as indicações "humanistas" propostas neste livro: *As últimas chances do homem* promulgam a globalização, a felicidade e o progresso iluminista e científico disponível globalmente para evitar o desequilíbrio (entre Oriente e Ocidente) e a guerra; e sabemos hoje que essas soluções não comprovaram a sua eficácia para evitar o pior. Cito não obstante essa frase, porque ela localiza bem a questão e necessita a precisão das coordenadas atuais para uma possível resposta. O capítulo intitulado "Assuntos de perplexidade" começa assim:

---

[1] Russell, Bertrand. *Les dernières chances de l'homme*. Paris, Pierre Horay, 1952, p. 9.

Um sentimento domina nossa época: o sentimento de uma perplexidade impotente. Vemo-nos levados para uma guerra que quase ninguém deseja, e essa guerra seria, sabemos disso, uma catástrofe para a maior parte da humanidade. Mas iguais a um coelho que a cobra fascina, fitamos o perigo sem saber como afastá-lo. Contamos entre nós histórias horríveis de bombas atômicas e de bombas a hidrogênio, de cidades aniquiladas, de hordas russas, de ferocidades e de penúria no mundo inteiro. Essa perspectiva deveria nos fazer tremer de horror, a razão diz isso; mas há algo outro em nós que parece sentir prazer nisso.[2]

Poderia então o humano comprazer-se no horror? Mas como seria possível sofrer assim do pior e no entanto gozar com isso? Será que podemos então deduzir que essa complacência potencializa o império do pior?

Abordarei a questão: "Como o mundo faz sofrer o homem?" articulando-a com a discussão filosófica que situa o estado atual da humanidade como um novo totalitarismo no avesso da promessa iluminista que lhe dá origem.

Mas, a partir da psicanálise, proponho-me a desenvolver também o reverso da medalha da questão: por meio de qual prazer e complacência o homem consente em se deixar enrolar, capturar e seduzir por esse modelo? Como o seu assentimento contribui para o sucesso do sistema a ponto de poder-se afirmar que no mundo moderno o pior é pior?

As advertências dos filósofos

Há muito tempo a filosofia tenta alertar e prevenir a humanidade quanto à sua condição trágica e/ou absurda e sobre o risco eventual de sua autodestruição. No final do século dezenove, inseridos na história da filosofia e nas preocupações políticas e humanistas, Karl Marx e Sigmund Freud tentaram tirar as conseqüências destas considerações. Cada um preocupado com um dos pólos da questão (o mundo/o sujeito) respondeu em termos de uma práxis que ultrapassava assim as posições niilistas ou cínicas dos seus predecessores (Schopenhauer, Kierkegaard, Nietzsche).

---

2) Russell, B. *Les dernières chances de l'homme*, op. cit., p. 9.

O século vinte começou sem muitas esperanças e assim continuou, apesar da euforia do pós-guerra e das promessas de felicidade pela conjunção ciência/capitalismo/imperialismo. Por incrível que pareça, depois de ter sofrido duas versões monstruosas do paroxismo da razão (o pior): os totalitarismos fascistas e comunistas, a civilização engendrou outro totalitarismo: a cultura de massa, que lenta e seguramente proporcionou a exclusão do sujeito. A Escola de Frankfurt avisou, analisou, explicitou o novo perigo para a humanidade. Desde então os filósofos e sociólogos continuam explicando (Debord, Baudrillard, Castoriadis, Chomsky, etc.) e, muitas vezes, comentando ao vivo o pior que anunciavam.

O PRINCÍPIO DO PIOR: O AVANÇO DE FREUD

Com *Além do princípio de prazer* e *Mal-estar na civilização*, o avanço teórico de Freud é a explicitação, a partir da estrutura do ser humano, do irremediável que constitui a impossível conjunção (relação) entre o homem e o mundo. Não há relação feliz entre o homem e o mundo; há eventuais pequenas felicidades, pequenos bons encontros casuais: *bon-heurs* — o que inclusive não pode ser negligenciado, pois se o destino se dirige sempre para o pior, a sorte por sua vez permite, ocasionalmente, desvios felizes. Se o destino vagueia do traumatismo inicial do Outro até a morte, a sorte proporciona algumas extravagâncias. Se no princípio era o trauma, o pior está no princípio do humano: por sua necessária socialização, isto é, por sua inclusão no mundo do Outro, o homem é privado de uma parte irrepresentável que, no entanto, persiste e insiste, empurra, pulsa, impulsiona, compulsiona, está na origem tanto do desejo, portanto, da vida, quanto da repetição nos seus aspectos mais mortíferos. O princípio do pior é decorrente de um princípio de alteridade radical que comanda a identificação humana e constitui o sujeito a partir de sua ausência de referência e de essência. Há algo no cerne do humano que é irrepresentável, impensável que move e promove suas representações, pensamentos e destinos pulsionais. Esta parte mal dita tem avatares e destinos onde o sujeito encontra, por bem, por mal, o princípio da sua humanidade tanto quanto de seu mal-estar.

Essa *parte maldita* (*mal dita*)[3] é a causa dos lances e sobre-lances onde pode apreender a sua criatividade ou se perder na barbárie.

Este é o *mal radical* que Freud localiza como princípio lógico do humano que ele nomeia pulsão de morte e que determina o mal-estar na civilização.

O que se torna nítido no texto do Freud (e que Lacan vai retomar no seu Seminário *A ética da psicanálise*) é que desse paradoxo do sujeito decorrem duas dimensões absolutamente paradoxais: o gozo e a lei.

O primeiro problema levantado por Freud é o fato de que a lei, que identifica e permite que se localize um ser qualquer a partir do Ideal do Ego, transmuda-se imediatamente em Super Ego — obsceno e feroz, precisa Lacan — porque ele comanda a perda de gozo e ao mesmo tempo marca sua imanência e iminência radical. É nesse sentido que o imperativo que comanda: "Seja!", paradoxalmente também manda: "Goza!".

O segundo problema é que a satisfação, o gozo, a recuperação da essência perdida só se produz na transgressão, o que paradoxalmente determina a sua condição particularmente desconfortável.

O filme de Michael Radford, de 1984, baseado no livro de George Orwell,[4] oferece-nos uma imagem monstruosa deste Super Ego — dupla face: o olhar e a voz do *BIG BROTHER*, que comanda para que esqueçam do sujeito e exorta as multidões hipnotizadas para o gozo.

O LAÇO SOCIAL: QUATRO DISCURSOS... OU PIOR

O laço social é o enlaçamento do pior por um dito – isto é, por uma ordenação singular de significantes – o que por um lado mediatiza e por outro sempre localiza esse pior como um resto a ser dito, um dizer que fica fora. De uma certa forma Shakespeare enunciava isso no *Rei Lear* (IV-1):

---

3) BATAILLE, Georges. *La part maudite*. Paris, Minuit, 1967.
4) ORWELL, George. *1984*. São Paulo, Companhia Editora Nacional, 2003.

... the worst is not
So long as we can say "This is the worst"

Podemos ler o enlace possível entre o gozo e a lei, entre o princípio do humano e o princípio da civilização na escrita lacaniana dos Discursos: o laço social depende do destino reservado por cada um à sua parte mal dita, que Lacan designa com a letra **a**. O *discurso do mestre* (Fig.1) mostra como a Lei, ou seja, a estrutura da linguagem, ordena esse enlaçamento.

$$\begin{array}{c} \text{discurso do mestre} \\ \\ \underline{S_1} \rightarrow \underline{S_2} \\ \$ \leftarrow a \end{array}$$

Figura 1

Os quatro discursos expostos por Jacques Lacan escrevem as quatro maneiras possíveis de um ser humano suportar, sustentar o princípio paradoxal do sujeito (a exclusão de uma parte mal dita e essencial) sem perder a subjetividade dividida nem se deixar arrebatar seja na obscenidade seja na ferocidade do Outro. Os *Quatro discursos* de Lacan escrevem as possibilidades humanas de suportar a impossibilidade da relação — enlaçando, localizando, "pondo em obra" essa parte foracluída e, no decorrer dessa operação, fazendo "discurso", ou seja laço, com os sócios. Os *Quatro discursos* descrevem as modalidades sintomáticas que o humano tem à sua disposição para suprir a impossibilidade e não obstante satisfazer-se em torno das âncoras pulsionais, ou seja, não anular sua subjetividade e seu desejo. São quatro discursos porque são quatro os tempos da estrutura ($, S1, S2, *a*) que determinam quatro maneiras de orientar e ordenar essa operação de enlaçamento (do significante e do gozo), dependendo de qual elemento está em posição de agente, isto é, de motor, de princípio da operação. Não há outra maneira possível de fazer laço em torno da causa perdida, com e apesar dela, não há outra maneira possível de sustentar o paradoxo... OU PIOR.

Isto é, a não ser que se mexa na ordem da estrutura, a não ser que se burle, perverta essa ordem a ponto de solucionar o paradoxo. Solucionar um paradoxo é uma aberração.

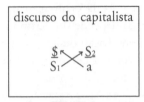

Figura 2

O discurso do capitalista (Fig.2), tal como o escreve e precisa Lacan, é pior. Para poder falar dessa aberração, Lacan nos anos 70, resolveu propor uma outra escrita, um quinto "discurso", formulado como uma "mutação", uma distorção do discurso do mestre. Essa nova fórmula inverte a posição do significante Mestre, o Um, que é colocado no lugar da verdade, denunciando-a como uma verdade sem falha, portanto totalitária, nessa proposta de solução do paradoxo. Além do mais, a escrita permite evidenciar como essa inversão oferece uma solução para o impasse dos outros discursos, isto é, como esse discurso contra-natureza permite uma relação. As flechas figuram a relação possível entre todos os termos, anulando as disjunções que os outros discursos escreviam, anulando a impossibilidade do princípio e a impotência da produção. Essa solução produz-se num curto-circuito no qual a relação do sujeito com sua causa perdida não é mais barrada pela impossibilidade; torna-se possível gozar: $\$\rightarrow S_1 \rightarrow S_2 \rightarrow a \rightarrow \$$, etc. Sinistra estranheza do slogan de 1968: *Tudo é possível, tudo é permitido*. Essa fórmula do discurso capitalista manifesta como a economia do sistema condensa-se, conjuga-se com a economia do gozo, produzindo a perversão do sujeito e o colapso da humanidade: o pior.

No discurso do mestre, o "mais-de-gozar" indica uma perda que — como a "mais-valia" do sistema capitalista, que produz o capital — fabrica também o valor do sistema. O objeto "a" como produto perdido sustenta e condiciona o discurso do mestre como discurso da civilização, como laço social fundado na não-relação e na perda necessária de gozo. No discurso do capitalista, o objeto vem obturar o sujeito dividido e rompe o laço social fundado na circulação daquilo que não tem preço.

O que Lacan escreve no discurso do capitalista não é a teoria marxista da luta de classes, entre o capital e o proletário.[5] No discurso do capitalista não há luta nem laço social entre um e Outro, há um sujeito, $, que é tanto o capitalista quanto o proletário. É o sujeito do capitalismo, radicalmente à mercê do sistema que ele produz e que o produz; um sistema no qual vale tudo: qualquer coisa tem preço e valor de troca; qualquer coisa serve para fazer funcionar a máquina que faz "relação", e alimentar a ilusão de que a coisa satisfaz, faz gozar, constitui uma oferta que responde exatamente à demanda. A precariedade desta satisfação não desalenta o sistema de produção das coisas; pelo contrário, o sistema de reprodução em série ilimitada de coisas mais e mais evanescentes, descartáveis, virtuais confirma, retroalimenta, garante o sistema todo e sua reprodução se perpetua.

O que Lacan escreve no discurso do capitalista não é marxista, mas decorre da teoria da mais-valia e das suas conseqüências para as relações sociais e a realização do homem. Decorre também do que Marx permitiu prever: a exclusão do valor de uso do circuito e a fetichização do próprio dinheiro como mercadoria particularmente visível no capital de juros (base atual de nossa economia globalizada).

O *Proletários de todos os países...* emudeceu-se frente ao *Todos capitalistas!*, todos unidos para a negação fraudulenta da "mais-valia" como perda, todos unidos para o "gozar sempre e sempre mais", até que a morte advenha, sem desvãos nem desvios.

A Escola de Frankfurt

O homem do qual nos fala a Escola de Frankfurt é o homem produzido por tal discurso. Horkheimer e Adorno com a *Teoria Crítica* vão avançar que essa aberração, essa perversão, "barbárie", dizem eles, são o produto da própria razão iluminista. A razão é totalitária

---

5) SOLER, C. "Le discours capitaliste", *Revue Trèfle* n. 2, Université Toulouse, jan. 2001, p. 161.

"A razão só reconhece como existência e ocorrência o que pode ser reduzido à unidade",[6] ela escorrega inevitavelmente do Saber total à prática totalitária, e nesse sentido as deformidades da razão, o seu paroxismo, a sua barbárie, o pior estão incluídos no seu desenvolvimento dialético.

No entanto, o mundo dos anos 2000 não é a barbárie do Big Brother de *1984*, de Orwell, é o mundo do *BIG BROTHER* das televisões globais, globalizadas — globalizando — e das crianças das favelas como no *Cidade de Deus*. É o mundo ao avesso das promessas do iluminismo: adultos infantilizados e imbecilizados, crianças assassinas e assassinadas; embotamento da inteligência; satisfações edulcoradas, galvanizadas; entorpecentes. De um lado, o óbvio, o chato, achatado, o tédio e o débil; e de outro, o paroxismo, o extremo, o pior, a exclusão. E ambos os lados fazendo pose para fixar espetacularmente as suas soluções obscenas, ferozes ou imbecis. J.F. Mattéi[7] fala das duas vertentes da barbárie: *vanitas* e *feritas*, ou seja, de um lado os débeis e do outro os canalhas. Mas não há tortura nem suplício para assentar essa barbárie na terra dos homens. O que há?

Horkheimer, Adorno e Benjamin abriram um campo imenso para apreender a nova modalidade do sistema totalitário quando, desde os anos trinta, denunciaram os procedimentos insidiosos da indústria cultural e a manipulação do Iluminismo como instrumento de mistificação das massas. Há uma manipulação explícita que as mídias, as imprensas de propaganda, escancaram com conseqüências fatais para a cultura e as artes, pois tudo é transformado em coisa: quinquilharia descartável, sem valor, sem valor de uso, só como valor de troca e de fetiche. As coisas se transformam em imagem e as imagens em coisas: "A humanidade, que um dia com Homero foi objeto de contemplação para os deuses olímpicos, hoje o é para si mesma. Sua alienação de si atingiu um grau que a faz viver sua própria destruição como uma sensação estética de primeira ordem", diz Walter Benjamin.

---

6) HORKHEIMER, M. e ADORNO, T.W. *La dialectique de la raison. Fragments philosophiques.* Paris, Gallimard, 1983, pp. 19-24.
7) MATTÉI, Jean-François. *La barbarie intérieure. Essai sur l'immonde moderne.* Paris, PUF, 1999, p. 25.

A Sociedade do Espetáculo

Podemos então entender melhor como o novo totalitarismo da cultura de massa consegue tão bem submeter os humanos ao seu sistema, a ponto de Guy Debord, nos anos 60, ter podido qualificar nossa sociedade como a *Sociedade do Espetáculo*. Vale a pena relê-lo: "Toda a vida das sociedades nas quais reinam as condições modernas de produção se anuncia como uma imensa acumulação de espetáculos. Tudo o que era diretamente vivenciado se afastou por uma representação. ... O espetáculo não é um conjunto de imagens, mas uma relação social entre as pessoas, mediatizadas por imagens. ... O espetáculo, compreendido na sua totalidade, é ao mesmo tempo o resultado e o projeto do modo de produção existente... e enquanto o setor econômico avançado fabrica uma multidão crescente de Imagens-objetos, o espetáculo é a principal produção da sociedade atual".[8]

O espetáculo é essa nova relação social permitida pelo discurso capitalista, ela oferece essa solução mirabolante para os impasses da estrutura: o sujeito, mascarado pelo seu Eu multiplicado pelos espelhos da ciência e do sistema de produção, ri ao se ver tão belamente satisfeito, quando a pulsão escópica lhe fornece incessantemente o que parecia faltar na sua imagem, e isso, além do mais, dando satisfação ao Outro! O melhor dos mundos possíveis!

A conjunção entre o modo capitalista de produção, tal como o explicita Marx, e a exacerbação e globalização do consumo de massa têm uma lógica que o movimento dialético em direção à luta de classes não calculava. "Quando se substitui a necessidade econômica pela necessidade do desenvolvimento econômico infinito, não se pode nada a não ser substituir a satisfação das primeiras necessidades humanas por uma fabricação ininterrupta de pseudonecessidades que se resumem na única pseudonecessidade de manutenção de seu reino",[9] alertava Guy Debord.

Marx provavelmente não mediu até que ponto a dominação do homem pelo homem se produziria — de forma tal que se trata, hoje,

---

8) Debord, Guy-Ernest. *La société du spectacle*. Cap. 1, "La séparation achevée". Paris, Buchet-Chastel, 1967, p. 36.
9) Debord. op. cit., Cap. 2, "La marchandise comme spectacle", p. 36.

da dominação do homem por si mesmo — nem que o proletário seria também um sujeito do capitalismo, agente da sua própria dominação, pela sua participação como agente no discurso que o aliena. Mas, talvez seja a partir de seu enfeitiçamento — pelo fetichismo generalizado da mercadoria (previsto e analisado por Marx) — que podemos explicar a arregimentação do proletário no sistema que o produz (e que ele produz) e que se apreende como "o espetáculo que submete os homens vivos".[10]

A SUBMISSÃO DOS HOMENS VIVOS

Podemos, a partir daí talvez, começar a responder à indagação levantada: por que o ser humano consente e avassala-se face ao sistema? Qual é o princípio de sua submissão?

Adorno não hesita em falar de masoquismo, enquanto Baudrillard fala da imagem como diabólica e perversa: "Há muito tempo que a imagem venceu e impôs a sua própria lógica imanente e efêmera, sem profundeza, lógica imoral para além do verdadeiro e do falso, para além do bem e do mal, lógica de exterminação de seu próprio referente."[11]

De fato, a manipulação do sistema socioeconômico incide sobre o registro e o circuito pulsional: é assim que o humano é fisgado e se deixa entorpecer ou, pelo contrário, convulsionar.

Podemos então começar responder a questão colocada, e indagar se no mundo moderno o pior é pior, na medida em que o discurso do capitalista contribui para a perversão do humano, ou seja, para seu curto-circuito. É o humano conectando o seu circuito pulsional com uma oferta incessante de imagens e objetos que, assediando a sua demanda, curto-circuitam assim a humanidade de seu desejo. É assim que a ciência e o capitalismo na sua extensão atual esmagam o sujeito tal qual a psicanálise o define e acolhe, isto é, esmagam e anulam o sujeito dividido pelo seu desejo.

---

10) DEBORD. op. cit., Cap. 1, "La séparation achevée", p. 15.
11) BAUDRILLARD, Jean. *A transparência do mal: Ensaio sobre os fenômenos extremos.* Campinas, Papyrus, 1990; *La transparence du mal. Essai sur les phénomènes extrêmes.* Paris, Galilée, 1990.

O discurso do capitalista se faz cúmplice de uma perversão num jogo em que a exploração comum do valor do fetiche (pelo sistema e pelo sujeito) sela um "bom" encontro entre o mundo e o imundo de cada um, na medida em que o uso da imagem como objeto (de consumo) oculta e impede sua implicação na operação como "coisa", isto é, como causa do desejo.

De uma certa forma o discurso do capitalismo funciona com o mesmo princípio que o tráfico de drogas: o que explica talvez as formas compulsivas de muitos ditos novos sintomas:[12] comer demais, beber demais, comprar demais, remédios demais, trabalhar demais, sem falar da toxicomania. É uma lógica totalitária (Eu — Mais — Tudo — Sempre — o Melhor — Demais) que vai de mal a pior.

Poderíamos a partir disso analisar o destino dos quatro registros pulsionais (olhar — voz — oral — anal) e a sua sedução, sua manipulação específica pelo sistema totalitário da cultura de massa, mas abordarei aqui apenas a questão do olhar, que parece ser a via de sedução — manipulação privilegiada pelo sistema e que mesmo os outros registros pulsionais se modelam e se incluem nessa modalidade de satisfação.

OS DESTINOS DA PULSÃO

Pulsão é o termo inventado por Freud para designar os pontos de enganche, de inserção do corpo singular e biológico no mundo do Outro, do simbólico, da cultura. A partir da pulsão e de seus objetos o ser se torna humano, modelando seu corpo às demandas que lhe vêm do Outro encarnado nos parceiros imediatos da vida. As zonas do corpo ditas erógenas: oral, anal, voz, olhar, são as zonas de sensibilidade do corpo ao Outro da alteridade, do símbolo. "A pulsão é o eco no corpo do fato que haja um dizer"[13], diz Lacan. Os objetos pulsionais na experiência de troca com as demandas e o desejo do

---

12) GALLANO, C. "Les fixations du fantasme", *Revue Trèfle* n. 2, Université Toulouse, jan. 2001, p. 89.
13) LACAN. "Le sinthome", Seminário XXIII (1975/1976), aula de 18.11.75. Paris, Association Freudienne International, 2001; ed. não comercial.

Outro inscrevem tanto a sua marca quanto o apagamento da satisfação ("É isso! Não é bem isso! Não é mais isso! É quase!"). A repetição (e daí a compulsão) funda-se nessa inscrição da marca (É isso!) e de seu malogro (Não é bem assim!).

Os destinos da pulsão, os seus avatares, provêm desta dupla origem: marca da resposta e malogro. Os destinos da pulsão destinam o ser humano ao melhor e ao pior. Uma certa leitura do texto freudiano poderia dizer que o recalque, a sublimação e o amor seriam os destinos do bem e a perversão o caminho pelo qual as pulsões se destinam ao mal. Não podemos ser tão maniqueístas, mas podemos dizer que o melhor da pulsão é seu malogro, que permite que se cause e renove o desejo e que se criem recursos e percursos, vias e desvios que fazem toda a graça do ser humano. É pior quando se pretende burlar o malogro. É isso que o perverso faz, fixando, amarrando o seu gozo a um objeto, ele obtém assim a certeza que condiciona a felicidade de seu gozo ao desmentido da falha, do malogro, da castração. O fetiche não é um "semblante", é antes um simulacro que pretende tornar visível o que não pode ser.

O olhar como objeto pulsional não é o visível, é o que não se vê; é a procura desse invisível que faz os homens produzirem imagens. Uma imagem é sempre um *Trompe l'oeil*, diz Lacan, pois no seu jogo com a pulsão escópica ela produz uma marca e seu apagamento, um impacto e um silêncio, revela e vela, um visível e um invisível.

A DIMENSÃO DO IMAGINÁRIO

A dimensão do imaginário é esta dimensão do humano que proporciona uma certa fixação e assegura a sua presença no mundo tanto quanto um campo de ficção que mediatiza esse mundo e o deixa a uma certa distância. É o que lhe permite não siderar no abismo do real e do impossível de dizer e garante que não se perca nas derivas dos mandamentos e preceitos do Outro. Daí a sua importância na identificação e na constituição do sujeito, campo em que se inscreve a sua especificidade: ela mostra uma coisa que não é realmente, mas assumindo o "parecer" ela consente em "ser para", *pareser*, e desta forma supre, por meio da aparência, a falta de essência. A imagem cativa e — como ela antecipa ou alucina uma realidade que não existe — produz um desconhecimento fundamental, essencial na sua incerteza e precariedade. Lembramos como Lacan soube se aproveitar das descobertas da etologia para demonstrar a função de impressão — fixação e logro da imagem. O olhar goza fitando, fixando, acomodando-se a partir de um ponto que oculta o resto, fixando a imagem como nas *lembranças encobridoras* destacadas por Freud. A imagem é fundamentalmente encobridora, um vel sobre a realidade insuportável. O olhar se deixa seduzir, fascinar, hipnotizar pelas imagens porque elas produzem, por definição, uma ilusão (de ótica). Engodo, mas sobretudo ficção que fixa uma realidade virtual onde só havia um real improvável.

A FUNÇÃO DO FETICHE NA PERVERSÃO

Freud, no seu texto sobre a pulsão e seus destinos, mostra-nos como o voyeurismo/exibicionismo e o sadomasoquismo são duas maneiras de burlar o malogro, realizar "a relação sexual" e **nesse sentido** optar pelo pior (*Não há relação sexual ...ou pior*[14]). Esses dois pólos extremos dos destinos pulsionais e as suas combinações são realmente o que podemos encontrar como pior desta conjunção entre o mundo e o i-mundo: desde a mais chata conformidade regida pela pulsão escópica até os paroxismos da violência vivenciada tanto do lado da vítima quanto do algoz.

Se o perverso é geralmente moralmente colocado do lado do mal, é que por definição a sua condição, a condição de seu gozo, não pode ser um lugar-comum. É necessário que ela seja impensável, fora do senso comum, pelo avesso da comunidade e do laço social. O fetiche é a imagem que na perversão é usada para tamponar esse malogro. Freud precisa que a escolha do fetiche é feita desde o modelo da imagem que antecedeu o trauma da descoberta da castração materna (na pedofilia, a imagem da criança como condição absoluta

---

14) LACAN. "...Ou pire", Seminário XIX, 71-72, (1975) em *Autres écrits*, Paris, Seuil, 2001 (resumo); Paris: A.F.I., 1997.

de gozo funciona, provavelmente, em sua origem, como imagem encobridora com relação à castração e depois como fetiche).

A imagem traz um problema quando se torna fetiche, quando se faz objeto que perverte o circuito pulsional, fixando-o *com certeza e* imobilizando-o, produzindo um curto-circuito que oculta a marca e o malogro. "Alguma coisa", e não mais uma imagem incerta e evanescente, obtura o real. A imagem tornada objeto fictício, factício que obtura, desmente, esconde "a coisa", é fetiche (fetiche provém do português feitiço, que por sua vez deriva do latim *facticio:* feito-artificial). Ela não pertence mais à ordem da criação e da ficção, mas à hipnose, ao fascínio e à mentira. A imagem é um logro, um *trompe l'œil*. O fetiche é um desmentido que encobre o real. Entendemos assim porque o uso do termo fetiche, tanto na antropologia quanto no marxismo, na sociologia e na psicanálise sempre se refere a essa dimensão da ocultação e do culto.

As manobras da cultura de massa

A predileção da pulsão escópica nas manobras da cultura de massa como instrumento de submissão, provém desses vários aspectos da imagem: ficção, logro, engodo, *vel*, desconhecimento etc.

O que explica sobretudo o valor privilegiado desse objeto pulsional nas trocas orientadas pelo sistema capitalista é a sua função peculiar de **engodo**, que fisga o sujeito e o faz conectar sua satisfação com os objetos artificiais e/ou virtuais propostos para seu consumo pelo sistema: ciência — capitalismo — tecnologia — cultura de massa. O que o sistema também valoriza é a capacidade da imagem de produzir **desconhecimento**, pois ela apaga, embaça, o limiar entre objeto da realidade e objeto virtual: tudo pode se imaginar e tudo se pode ter, e então o mundo se molda à medida do mundo virtual. Que paraíso, artificial! Por outro lado, seu aspecto efêmero satisfaz evidentemente as necessidades do mercado e colabora com a perpetuação do sistema. Produz-se então uma transformação das imagens em objetos e dos objetos em imagens, ou seja, a fabricação de um novo produto: "a imagem-objeto".

Obviamente, quando se fala aqui de objeto trata-se não da Coisa — *das Ding*, a coisa em si kantiana, que escapa ao pensamento — mas *Die Sachen*: os objetos; os produtos do pensamento e da razão. Essas coisas, no entanto, perderam seu valor de uso e é a partir do seu valor de troca que contribuem para a mistificação das massas e a fetichização alienante do mundo e das relações.

Essas "imagens-objetos" vêm, por meio de uma circulação incessante, alimentar o sujeito-capitalista, obturando a sua falta, o seu desejo, e pondo fim à sua dimensão de sujeito, pela redução do seu desejo a mera demanda extinguível na compulsão de sua repetição.

É assim que as imagens da sociedade do espetáculo, da cultura de massa, funcionam para envolver e submeter os humanos, desde que elas produzam a cada instante o fascínio, a dominação do fetiche que oculta a sua castração. Mas, para servir tanto para um (o indivíduo) quanto para Outro (universal) as imagens tiveram que perder a sua dignidade de Coisa e participar de um rebaixamento do objeto pulsional ao fetiche. As imagens-objetos são formatadas em série na medida da demanda do Outro e por isso promovem o embotamento, a uniformização, a conformidade.

Por outro lado, o limite entre a realidade e o virtual é fundamentalmente precário e o uso dessa ilusão de ótica pela indústria cultural e sua repercussão nas modalidades de relação tem conseqüências desastrosas: a fabricação de uma guerra mediática para manipulação das massas, como denuncia o filme de Costa Gravas *O quarto poder*, logo antes da primeira guerra do Golfo, oferecendo ao mundo um dos primeiros *big shows* ao vivo, infelizmente seguido por muitos outros. Lembramos da explosão das torres-gêmeas de Nova York no filme *Clube da luta* e da explosão do WTC, um ano depois, ao vivo; também lembramos de *Zé Pequeno*, "herói" de *Cidade de Deus*, procurando as suas fotos no jornal, enquanto nos jornais do dia "Fernandinho Beira Mar", rei do tráfico de drogas esbanjava seu sorriso irreverente (*Sorria, você está sendo filmado*).

A cultura de massa, que manipula as imagens-objetos para incluir os seres humanos no seu gozo e nele comprometê-los de forma a fazê-los participar maciça e passivamente de seu sistema, usa os diversos circuitos pulsionais e explora as qualidades e quantidades da imagem em prol dessa manipulação (desse abuso). Dessa forma o valor criativo da imagem é prejudicado, pois a sua recuperação que reduz a coisa à imagem e a pulsão à demanda subtrai o seu mistério. É disso que Walter Benjamin falava quando, no seu texto sobre *A obra de arte na época da sua reprodutibilidade técnica*,[15] descreve a operação que retira da *Coisa* — *das Ding* — a sua Aura, a sua densidade, a sua opacidade.

A INDÚSTRIA CULTURAL E O MERCADO DE IMAGENS

Os métodos da tecnologia de imagem, em particular na indústria do cinema e da televisão, sabem usar os diversos recursos da imagem para manipular de várias formas o humano, transformando-o em *imagem-addict*.

É a partir desta referência que gostaria de abordar algumas das imagens que a indústria cinematográfica nos oferece. Parece-me que podemos considerar ultimamente quatro tipos de filmes, com graus diferentes de aura, de arte, de silêncio. O mercado das imagens proporciona em medidas diferentes o óbvio e o obtuso, a transparência e a opacidade, o barulho e o silêncio, o obsceno e o erotismo, a ferocidade e a violência, o imediato e a mediação, o cheio e o vazio. Essas diversas proporções e medidas permitem determinar se esse objeto-imagem foi feito para causar o desejo do sujeito a partir de seu olhar ou se trata aí de um produto-fetiche, que oculta o malogro e tampona as dúvidas, as questões, e a divisão subjetiva.

As imagens e os filmes mais óbvios, transparentes, barulhentos, obscenos, cheios, imediatos, ferozes fazem mais sucesso nas multidões: nesta categoria cabem evidentemente os filmes pornôs, de violência pura e bruta, e recentemente os *reality shows*, indecentemente chamados *Big Brother*. O fato, o chato, o relato, o plano sem corte, fixo, e sem mistério, o som que se cola à imagem que se cola ao texto, todos os recursos tecnológicos são usados para tirar o mistério e a graça. Por exemplo, o uso do zoom no pornô

---
15) BENJAMIN, Walter. *Oeuvres*. v. III. Paris, Gallimard (Folio Essais), 2000, p. 226.

garante o sucesso tanto quanto o barulho adequado: mostrar tudo, demais, sempre. É intrigante constatar que esses filmes produzem um embotamento; eles deixam mais burros, mas hipnotizam: não têm corte, não têm hiato, não têm metáfora, só contigüidade — as imagens se engolem com uma fome infinita, por isso combinam tão bem com pipoca e coca-cola.

Há também os filmes "americanos" de "sucesso de bilheteria", que embora tentem estetizar e/ou intelectualizar a coisa, combinam também com pipoca e coca-cola; eles fisgam o indivíduo quando ocultam a divisão, o questionamento e o distanciamento. Essa estetização que dispõe de recursos inteligentes e modernos parece perigosa porque ela hipnotiza, imobiliza, e envolve, sem crítica, num gozo de cumplicidade e numa banalização dos recursos fantasmáticos que se tornam lugares-comuns, como por exemplo: *Crash* e o *Clube da luta*, que exibem e tomam emprestadas globalmente fórmulas modernas de sadomasoquismo.

Outros filmes sabem mostrar as coisas, mas falam, equivocam, metaforizam, metonimizam, mostram a violência, o sexo, a morte, a guerra (Almodovar, Lynch e muitos outros), mas usando a luz, a sombra, os cortes, recortes, ritmos, movimentos, distância, aproximação, para que a imagem produza, além da sua superfície, a sua "aura", a sua incógnita, um olhar cativado, deslumbrado, apavorado, mas não fixado nem hipnotizado.

Outros filmes, enfim, nem mostram a *Coisa*, apenas a evocam: alguns filmes chineses e iranianos dos últimos anos são exemplares dessa outra encenação da Coisa. Muita gente os considera chatos e insuportáveis, mas a sua narrativa linear muitas vezes produz outra sensação de tempo, vida e morte, outra dimensão do humano, outra cultura, outro enlaçamento, outro discurso.

Vemos que nesses dois últimos tipos de filmes o olhar é convidado a percorrer as imagens para uma travessia dentro do *trompe-l'oeil*; as imagens não brutalizam, no sentido de um assédio sexual, mas sabem tocar, até mesmo perturbar.

Resistências

Os artistas plásticos também sabem jogar esse jogo do *trompe l'oeil*: parece que eles mostram a realidade, algo, uma cena religiosa, ou mítica, ou mesmo um gesto ou uma mancha, mas não é. *Trompe l'oeil* não é burlar o olhar; na obra de arte o olhar circula, vai e vem, pisca, participa de um jogo de esconde-esconde com o visível e o invisível; no final ele sai da tela. Quando se olha o quadro, pode-se até dizer, como na música de Arnaldo Antunes: "o meu olhar te olha, o meu olhar melhora o seu..." e aí, **por um instante** cativo de um artifício, "sai fora", é expulso do quadro e cria desejos em outros lugares.

Portanto, os cineastas, os artistas, apesar do pior, apesar de como o pior piora com a modernidade, continuam achando caminhos, resistindo ao entorpecimento, ao assédio e à violentação, abrindo caminhos novos, atalhos que talvez não levem a lugar algum, desvios renovados, trilhas, pontes e túneis, passagens do pior: eles permitem a sua travessia.

Os analistas também estão nessa resistência, numa experiência assídua de não desistência, *responsabilidade intempestiva* que fez Lacan afirmar que apenas o discurso analítico podia fazer frente ao discurso do capitalista. Quando ele acrescentava que não constituiria um progresso se fosse só para alguns, ele devia bem pensar que também podia fazer frente ao discurso do capitalista tudo o que permitisse esvaziar os "simulacros do ser" que os destinos da pulsão fixam em cumplicidade com a civilização, abusando de suas conquistas para burlar o malogro e o insucesso da relação.

"Há uma terrível conseqüência da produção ininterrupta de positividade... Todo aquele que expurga sua parte maldita assina a sua própria sentença de morte. Eis o teorema da parte maldita",[16] diz Baudrillard.

Para estar à altura de nossa responsabilidade frente à civilização, de não ceder quanto à orientação do desejo do analista, permito-me concluir com Pascal: "Não tem nenhuma garantia..., mas é preciso

---

16) BAUDRILLARD, Jean. *A transparência do mal*, op. cit., p. 113; *La transparence du mal*, op. cit.

apostar". É preciso apostar que pôr em obra o pior que está no princípio do humano[17] possibilita barrar as grandes manobras do discurso que nega esse princípio de saída para melhor garantir o seu império.

Dominique Fingermann

---

17) BOUSSEYROUX, Michel. *Les Figures du pire. Logique d'un choix, éthique d'un pari.* Toulouse: Presse Universitaire du Mirail (Coleção Psicanálise), 2000.
Impossível concluir sem agradecer esse livro e a seu autor, companheiro de viagem desse seminário.

OS PASSADORES DO PIOR
BECKETT, BLANCHOT, DURAS: TRAVESSIAS

É Beckett quem começa: "É o fim que é o pior, não, é o começo que é o pior, depois é o meio, mas depois no fim é o fim que é o pior, esta voz que é cada instante que é o pior. (...) é preciso continuar ainda um pouco, é preciso continuar ainda muito tempo, é preciso continuar ainda sempre..."[1]

Então, o pior ainda. E ainda, de novo, voltar ao pior, mas aí não ficar, passar. É isso que o título "Os passadores do pior" diz: a travessia é necessária. Ficar na pior é a pior das alternativas. O sertão se atravessa; é travessia. O sertão é deserto para todos, para quem quer que seja, para as almas vivas e as mortas. A moradia do ser — a linguagem — é também seu exílio. O sertão é a travessia sempre recomeçada, o ser tão perdido na linguagem se procura e se acha, e se perde de novo, de palavra em palavra, de exílio em exílio. Travessia. Passagem. Isso passa? Passo a passo: isso passa e não cessa de passar. "É preciso continuar ainda um pouco, é preciso continuar ainda muito tempo, é preciso continuar ainda sempre."[2]

Tem impasse; mas é possível passar por cima, a não ser para quem fica na pior — e para quem fica nas piores das hipóteses. Desde o início, desde a primeira experiência de satisfação e sua mancada originária, fazem-se hipóteses sobre o pior que ex-siste ao humano, suposições que enganam, ajudam, permitem que se creia, que se cresça e aconteça.

---
1) BECKETT, Samuel. *L'innominable*. Paris, Minuit, 1953, p. 181; *The Unnamable*. Nova York, Grove Press, 1991.
2) Idem, ibidem.

Blanchot explicita essas suposições como: "uma maneira tão grosseira de tratar o impossível" e como uma "infinidade de combinações para conjurar o vazio" que não evitam que "(...) o mal-estar seja pior...".[3] O problema não é a suposição, é a aderência: aderir às hipóteses do pior é pior para todos: neuróticos, psicóticos, perversos. Também é pior para o mundo e a civilização. A cada vez que a suposição do pior, em dimensão global e na proporção das massas, se fixa, se fetichiza, sadomasoquiza, extermina (do holocausto à bomba H), o pior se torna pior.

Assim, em cada análise, passo a passo, isso *passa, repassa, impassa, compassa,* para lá e para cá, *extrapassa,* no fim se ultrapassa. "O que passou? Como isso passa?", se pergunta um analisante ao cabo de uma transferência, ao final de uma análise. No *passe,* dispositivo que Lacan inventou para poder responder à essa questão, o destinatário da resposta se faz *passador* no tempo de um passe. O passador é o destinatário provisório do pior que passou para o sujeito chamado *passante.* A notícia da passagem do pior tem que poder passar para frente a fim de averiguar que houve o traspassamento da neurose e passagem ao analista. É isso que o dispositivo lacaniano se dispõe a verificar: provar a travessia do pior. Um pior que passou, mas que nunca mais vai cessar de passar, como um ponto de fuga que nunca se perde de vista.

Um passador é quem ajuda a franquear, ultrapassar um obstáculo, uma fronteira, o caminho da morte. O passador sabe do caminho — ida e volta —, ele sabe que se passa de um lado para outro, ele sabe do sertão infinito e de sua travessia sempre recomeçada. Num eixo assintótico, o pior está na mira do passador, mantendo a direção, o sentido, sem jamais cair na tentação de ficar na pior, aderir a uma hipótese do pior, acreditar que já chegou lá, e dar Um sentido ao pior. O passador não pode perder o pior de vista, caso contrário tropeça na sua travessia e não permite ao passante acertar o passo e passar.

Rumo ao pior[4] (*Worstward Ho*) é o último texto de Beckett. Podemos chamar Beckett e alguns outros autores de passadores do

---

3) BLANCHOT, Maurice. *Thomas l'obscur.* Paris, Gallimard, 1999, p. 97.
4) BECKETT. *Cap au pire.* Paris, Minuit, 2001; *Worstward Ho.* Londres, Calder, 1983.

pior, porque os textos que produzem, possibilitam encontros inéditos, e ao mesmo tempo obscuramente familiares; encontros ainda inauditos até o exato momento em que tropeçamos numa frase, numa entonação, num tropo, que muda a nossa vida. Quem não passou por esta experiência? Blanchot assim fala de um encontro que poderia muito bem ter sido um encontro de um leitor com seu texto: "Em um único olhar ela se fundia em mim e nessa intimidade, descobriu minha ausência. (...) Ela perseguia perdidamente esse mistério. (...) Eu sentia que ela se encolhia para se jogar nessa ausência como em seu espelho. Doravante estava aí seu reflexo, sua forma exata, aí seu abismo pessoal. Ela se via, se desejava, se apagava, se rejeitava e duvidava inefavelmente de si mesma e cedia à tentação de se atingir aí onde ela não estava (...)".[5]

Alguns encontros com textos dão essa impressão de captura, de deslumbramento, de ser pego por um *prazer do texto,* como diz Barthes,[6] ou, melhor dizendo, por um além do princípio de prazer do texto. Muitos são os textos arrebatadores que *des-cobrem* nossa ausência, e nos fazem ceder à tentação *de se atingir aí onde não estava*: Duras, Beckett, Blanchot, Lispector, Levi. E outros também.

Gostaria de poder transmitir, passar para frente, as vias do estilo de cada um para tornar transmissível *o inominável,* poder transferir como cada um fez e faz para sempre, para que a transcendência de seu texto produza essa *passagem* mágica pelo âmago do humano, tão propenso em outras circunstâncias a aderir às piores figuras (figurações) que se possa imaginar. Como produzem algo que mira no pior e acerta, fisga o humano? Cada passador tem uma maneira específica de *produzir* o silêncio, um silêncio profundo e irremediável, enlaçado com algo, que, sem ocultar nem abafar, realiza, atualiza, e permite que se passe, permite a travessia. Se tivesse que adjetivar como leio o enlace de cada um desses silêncios com o *humano*, diria: Duras/o desejo que infinitiza e serena o desamparo; Beckett/o humor que fura o trágico irônico; Blanchot/a surpresa que furta o fado; Lispector/a doçura que espanta a solidão; Levi/a leveza que atravessa o horror.

---
5) BLANCHOT, op. cit.
6) BARTHES, Roland *Le plaisir du texte*. Paris, Seuil, 1982, p. 87.

Mas estas palavras são poucas para dizer desta mágica; os críticos literários teriam mais rigor para dizer disto, para explicar o estilo, para dizer como se faz este enlaçamento singular do humano em torno do melhor e do pior que a palavra produz.

O que pode ser dito a partir da psicanálise, de sua experiência e de sua teoria? É evidente que não se trata de fazer uma psicanálise aplicada ao texto literário, e extrair do texto interpretações que reduziriam o seu autor a um sujeito. É evidente, pois há muito tempo este equívoco não assombra mais as relações dos psicanalistas e dos literários. "O artista sempre precede o psicanalista, portanto, este não tem nada que bancar o psicólogo ali onde o artista lhe trilha o caminho",[7] diz Lacan.

É ainda mais evidente no caso particular destes autores (especialmente Blanchot e Beckett) que dedicaram boa parte de sua empreitada literária a produzir um texto que não fosse pretexto de uma suposição do sujeito, mas pelo contrário *uma prova de destituição subjetiva como condição da obra.*

O que pode ser dito a partir da psicanálise, de sua experiência e de sua teoria?

Lembrar a deferência especial que os psicanalistas têm em relação à literatura. A questão de Freud e Lacan, entre outros, foi de tentar elucidar como algumas obras — passadoras do pior — chegam ao que a psicanálise pode chegar de melhor no fim.

Evocar algumas das *figuras do pior*[8] que a ficção literária desses autores é capaz de proporcionar, e como se produz a travessia. Duras: *Détruire — dit-elle*; Blanchot: *Thomas l'obscur*; Beckett: *L'innomable.*

Finalmente, retomar a questão da finalidade e do fim de uma análise.

---

[7] LACAN. "L'artiste toujours précède le psychanalyste, il n'a donc pas à faire le psychologue là où l'artiste lui fraie la voie". ("Hommage fait à Marguerite Duras", *Autres écrits*. Paris, Seuil, 2001, p. 192).

[8] BOUSSEYROUX, Michel Les *Figures du pire. Logique d'un choix, éthique d'un pari.* Toulouse, Presse Universitaire du Mirail (Coleção Psicanálise), 2000.

OS ESCRITORES CRIATIVOS E OS PSICANALISTAS

A psicanálise e os psicanalistas têm uma deferência especial em relação aos *escritores criativos*. Freud assim anunciou em seu texto de 1908, "Os escritores criativos e a fantasia": "Nós os leigos sempre tivemos curiosidade de saber onde esta singular personalidade, o escritor criativo, vai buscar a sua matéria-prima (...) e como ele consegue, por meio dela, nos fisgar de tal forma a nos provocar emoções das quais não acreditaríamos ser capazes."[9]

Desde sua descoberta do inconsciente — a partir da doença transformada em texto através da virtude da associação livre — Freud se indagou sobre este passe de mágica dos criadores. Estes, com efeito, a partir da mesma origem da falta do objeto e dos mesmos recursos pulsionais, conseguem produzir as obras que nos afetam, deliciam ou espantam, ao passo que o neurótico que parte do mesmo princípio, se arrasta no fardo e no fado de sua neurose, cuja *criatividade* enfadonha não tem graça nem para ele mesmo. Não é para nós uma questão apenas estética, mas também *interesseira* e ética. Interessa saber como orientar as análises para que no fim se reduza o texto da neurose à estrutura do conto — como diz Lacan. Interessa almejar que pela graça do desejo do analista que corta, talha e cala, a neurose ao final possa se deduzir e se reduzir ao matema e ao poema.

A partir da mesma falta radical e inicial e a partir dos mesmos recursos pulsionais que na neurose, uma solução singular produz um efeito que alcança o outro e o enlaça (faz laço social, faz cultura). Produzindo seu mais íntimo/êxtimo, a letra fisga o outro no mais íntimo/êxtimo. A letra, *litter, literal, litoral* — que desenha "a borda do furo no saber", a letra, se for letra, "chega sempre a seu destino": afeta, ativa, atua, "provoca em nós emoções das quais não nos acharíamos capazes".

---

9) FREUD. "Nous autres profanes, nous avons toujours été très curieux de savoir où cette singulière personnalité, le créateur littéraire, va prendre sa matière... et comment il parvient, par elle à tellement nous saisir, à provoquer en nous des émotions dont nous ne nous serions peut-être même pas crus capable." ("Le créateur littéraire et la fantaisie" [1908], em *L'inquiétante étrangeté et autres essais*. Paris, Gallimard, Folio Essais, 1985, p. 33).

Temos aí mais uma lição da literatura para a psicanálise: sua incidência, sua eficácia, o poder da palavra, seu poder interpretativo: "Com a ajuda do que se chama de escritura poética, pode se ter uma dimensão do que poderia ser a interpretação analítica."[10] De ambos os lados (do analisante e do analista) a letra faz ato, é *performativa* (lembrando o título de Austin: *Quando dizer é fazer*[11]) a *performatividade* desse enunciado é de designar, cingir a enunciação, fazer *ser*, *letra*, *l'être*, para além da instituição do sujeito pelo significante, e do Eu que pensa. Por isso precisa produzir uma subversão, uma *ruptura* do *semblant*, das significações geridas pelas leis do significante. A letra parte do pior, da falta, para contorná-lo, produzindo esse contorno que tanto baliza quanto assinala. A letra está *para além* da angústia; ela faz *sinthoma*, uma solução que não ignora o pior: antes o trança e trespassa. A letra, tangencialmente, borda o pior; isso explica que seus efeitos de *Unheimlich* sejam particularmente sensíveis nos gêneros poéticos fantásticos, como Freud o soube explicitar no seu ensaio de referência: *Das Unheimliche*.[12]

PASSAGENS DO PIOR

Retomemos os passadores do pior que escolhi apresentar: Marguerite Duras, Maurice Blanchot e Samuel Beckett: eles dão boas lições para os psicanalistas, três lições do pior e de suas possíveis travessias. Chamo as três de passagens do pior: Duras, o jogo do desejo; Blanchot, o engodo do fantasma; Beckett, a ironia do *sinthome*. Apropriando-me de uma obra de cada um, pretendo mostrar como demonstram em ato, no ato da escrita, a aporia humana que chamamos *o pior*. Duras, pelo jogo do desejo sempre Outro, encena

---

10) LACAN. "A l'aide de ce qu'on appelle l'écriture poétique, vous pouvez avoir la dimenson de ce que pourrait être l'interprétation analytique." ("L'insu que sait de l'une bévue s'aile à mourre", Seminário XXIV, 1976-1977, 19.04.1977, p. 119. *Ornicar?*, n. 12, 13, Paris, 1977).
11) AUSTIN, John Langshaw. *Quand dire c'est faire*. Paris, Seuil, Essais, 1970; *How do things with words*. Cambrigde, Harvard University Press, 1975.
12) FREUD. *L'inquiétante étrangeté* (*Das Unheimlich*), op. cit.

dramaticamente a questão da impossível relação; Blanchot demonstra terrivelmente a travessia dos piores engodos do pior, e Beckett expõe ironicamente, para além da travessia, a passagem infinda pelo pior.

O JOGO DO DESEJO *DÉTRUIRE – DIT-ELLE* DE MARGUERITE DURAS[13]

Como qualificar a dimensão do pior na obra de Marguerite Duras? Será o desejo ou será a loucura? Talvez o termo "deslumbramento" (*ravissement*) condense os dois em sua eventual colisão, como nos apresenta *O deslumbramento de Lol V. Stein* e em quase todos os seus primeiros longos romances até seus últimos *recados* curtos e secos. O título *Détruire — dit-elle* evoca de início esta possível colisão. É um curto romance de 1958, escrito em estilo de roteiro cinematográfico. Teve uma versão filmada e contém indicações precisas da autora para a representação teatral. A narrativa é, portanto, teatral: possui descrições do cenário, dos movimentos de cena e dos diálogos. A cena, desde as primeiras linhas, é uma Outra cena, a cena do desejo, sempre do Outro, onde os protagonistas são: ele e ela, mas também ele e outra ela. Essas personagens têm nomes: Stein, Alissa, Max Thor, Elisabeth Alione (Elisa), mas o uso dos pronomes muitas vezes nos confunde e deixa incerto quem é quem, e sobretudo, quem deseja quem. O desejo é o centro da questão em cena, mas poucas palavras, poucas declarações explicitam esse desejo. Ele circula de um a outra e volta para o primeiro, passando pelo outro e retornando para outra outra: ele circula, vai e vem, de um olhar para outro. Poucas vezes os olhares *se olham*, não se cruzam ou se completam; raramente se respondem. Pelo contrário, as bolas de tênis ressoam regularmente para lá e para cá, para lá e para cá nas quadras invisíveis que separam a cena da floresta, metáfora do trespassamento fatal do desejo. Jogos invisíveis, mas que cativam o olhar que fita um lugar sempre outro.

— Então, haveria algo a dizer sobre o tênis? — pergunta Alissa
— Sim. Sobre o tênis que é observado.

---
13) DURAS, Marguerite. *Détruire, dit-elle.* Paris, Minuit, 1969, p. 34.

— Por uma mulher?
— Sim. Distraída.
— Pelo quê?
— O Nada.
Ela contempla o vazio, diz Stein. É a única coisa que ela olha. Mas é isso! Ela observa atentamente o vazio.

"É isto, diz Max Thor, é o olhar que (...)"[14]
É o olhar que vislumbra o que não se pode ver, é o olhar que deslumbra e aspira num turbilhão o que não se pode dizer.

O eco surdo e repetitivo das trocas de bolas marca o passo do silêncio da outra cena onde subentendidos, elipse e reticências dão o ritmo de um jogo outro. Parece uma partida (uma partida de cartas bizarra é efetivamente encenada), uma partida de cartas em que não se sabe as regras de antemão, mas elas se descobrem a partir das jogadas dos outros parceiros que se regulam, por sua vez, nos lances dos outros jogadores. Um jogo no qual as teias do desejo tecido pelos olhares que não se olham, mas olham o desejo, precipita um *frisson*, uma fissura, um abismo: olhar o olhar dela perdido no nada — olhar a *eles* fazendo amor — olhar a floresta obscura — olhar as quadras. Na teia do desejo tecido pelos olhares, algo se joga de uma maneira sub-reptícia e quase maligna, algo como uma partida de *ou vai ou racha*, sem saber por onde se vai. Alguns *vão*, a outra *racha*, o desejo deslumbra e pode ser devastador: o pior, é isso que parece que vai acontecer no fim para a Outra mulher, Elisabeth Alione, como para tantas outras mulheres das passagens do pior de Duras.

Duras é passadora do pior quando monta estas cenas nas quais, entre silêncios e olhares, palpita uma incógnita que de repente se precipita e perdidamente se acha no olhar do outro, que olha o vazio, embarca repentinamente nesta jogada e provavelmente se perderá na devastação do lance incerto baseado na suposição e no desespero da alma. É assim que a ausência íntima de um pode se perder no que falta ao Outro, é assim que se passa: a captura do desejo pelo desejo do outro. Passagem, quando é travessia. Devastação, quando o sujeito aí se prende e se exila.

---

14) Duras, M., op. cit., p. 60.

O ENGODO MONSTRUOSO DO FANTASMA EM *THOMAS L'OBSCUR* DE BLANCHOT

"Maurice Blanchot, escritor e crítico literário. Sua vida foi inteiramente voltada à literatura e ao silêncio que lhe é próprio"[15] — anuncia a página que antecede o início do romance *Thomas l'obscur*.

Se as críticas literárias de Blanchot são precisas e assertivas, os seus romances são esquisitos, inquietantes e estranhos exercícios de *Unheimlich*. *L'arrêt de mort*[16] relata um trecho autobiográfico de Blanchot e começa como uma história (uma agonia e um luto), mas de repente a história se interrompe e quebra toda possibilidade de fechar uma significação ("rompe o significante"[17], diz Lacan) produzindo desamparo no leitor ao construir este abandono do sentido. Outra história prossegue (um encontro amoroso), e também ficará suspensa no incerto e no enigma de sua conclusão.

Thomas l'obscur, seu primeiro romance, de uma certa forma retoma o mesmo enredo, mas compõe uma espessura mais densa para a história, como se explicitasse nas entrelinhas do sujeito o impensável, o outro lado do *cogito* blanchotiano: "penso, logo não sou"[18]. Cada capítulo começa tranquilamente como uma história qualquer de um sujeito pensante qualquer: "Thomas sentou-se e contemplou o mar. Durante algum tempo ele permaneceu imóvel", mas em seguida, sem mais transição, desenrola-se o outro texto: o texto do impensável, do "logo não sou", além/aquém de Thomas ("essa nulidade indiscernível que ligava ao nome de Thomas"): o lado do Obscuro. ("Bem longe do pensamento que repele a obscuridade elementar."[19]) Este texto relata a experiência do que ele chama de segunda morte, uma experiência do "não sendo". ("No centro de Thomas vivo, a proximidade inacessível de Thomas inexistente.)"[20] Essa experiência tem vários momentos, que são atravessados em uma série de passagens cruciais. Há uma seqüência de momentos de passe que vão desde

---

15) BLANCHOT, M. *Thomas l'obscur*, op, cit., p. 6.
16) BLANCHOT. *L'arrêt de mort*. (*Das Unheimlich*). Paris, Gallimard, Folio Essais, 1990.
17) LACAN, J. "Litturaterre", *Autres écrits*, op. cit., p. 17.
18) BLANCHOT, M. *Thomas l'obscur*, op. cit., p. 114.
19) BLANCHOT. *L'espace littéraire*. Paris: Gallimard, Folio Essais, 1988.
20) BLANCHOT, M., *Thomas l'obscur*, op. cit., p. 114.

diversos encontros com a angústia, o desejo do Outro, a inconsistência da linguagem, a falta de relação, até as soluções, as astúcias que os personagens vão inventar: "para dar corpo ao nada" e "descobrir o ser no abismo vertiginoso em que não está", para enfim passar, atravessando esse pior e sua "monstruosa substância" e deduzir que essa "ausência", esse "não sendo", é "uma parte perdida num constante naufrágio à qual eu devo minha direção, minha figura, minha necessidade. Encontrava minha prova neste movimento em direção ao inexistente, a prova que eu existia reforçava-se até à evidência."[21]

Um dos encontros de Thomas com a ausência que constitui a linguagem, com seu silêncio radical e o fato que ele enuncia uma negação do ser, se produz num encontro particularmente medonho com as próprias palavras, que surgem fantasticamente do texto do livro que Thomas está lendo, para aniquilar, oprimir, sufocar o personagem e constituir Thomas como o próprio obscuro, opaco para si mesmo. Esta tortura das palavras vãs é figurada da pior maneira possível: as palavras devoradoras do ser se metamorfoseiam em um rato obsceno e feroz que será absorvido e incorporado por Thomas. (Não podemos aqui evitar de lembrar tanto a metamorfose de Gregor Samsa, de Kafka, quanto a incorporação da barata pela GH de Clarice Lispector.) No silêncio do Outro, ausência de relação dos sexos, limite absurdo e absoluto da palavra, imagina-se uma forma "monstruosa, sem formas", e pelo gesto primitivo da incorporação figura-se uma identificação oral ao resto. Identificação aniquilante ao que se supõe ser o dejeto do outro. É essa identificação que será atravessada ao longo do texto, identificação em que o pior é feito coisa consistente e permite identidade, relação monstruosa consigo mesmo. "Uma espécie de ser feito com tudo o que é excluído do ser, se oferece como objetivo para meus procedimentos."[22] e isso faz que assim "eu te faço experimentar como uma relação, tua suprema identidade. Eu te nomeia e define."[23] "Talvez ele pudesse ter interpretado essa sensação de uma outra maneira, mas ele precisava sempre ir do lado do pior".[24]

---

21) BLANCHOT. *Thomas l'obscur*, op. cit.
22) Idem, p. 124.
23) Idem, p. 128.
24) Idem, p. 18.

A travessia dessas versões do pior termina com o esvaziamento da tentação desse "ideal funesto".[25] No lugar esvaziado sabemos que Blanchot propõe o espaço literário, o espaço da letra, que permite que desde "este ponto irredutível", centro enigmático operador da obra, que transporta o próprio leitor "até o infinito". "Isto diz, mas não remete a alguma coisa por dizer, a algo de silencioso que lhe garantiria o sentido."[26]

A IRONIA DO *SINTHOME* EM *L'INNOMINABLE* DE SAMUEL BECKETT

Onde Blanchot termina, começa Beckett, e não pára mais, até hoje. *Rumo ao pior*, o texto de Beckett, continua a travessia: "É preciso continuar ainda sempre"[27], "Encore. Dire encore. Soit dit encore. Tant mal que pis encore".[28]

Cioran comenta a seu respeito "desde a primeira vez que o encontrei, entendi que ele havia chegado ao extremo e que talvez ele tivesse começado por ali, pelo impossível, pelo excepcional, pelo impasse".[29]

Beckett atormentado, torturado, errante, fazendo falar o silêncio por meio do falatório desses personagens que, de tão vagabundos e moribundos, indigentes, vermes, meio-gente, em suas últimas obras acabam por não ser nada: uma poça d'água, um monte de lixo, uma boca, uma voz. No entanto, Beckett, em sua obra, não procura mais; ele acha, incansavelmente, acha e acha de novo, sem esperar mais Godot. Beckett, como Blanchot e Duras, de um texto para outro, diz sempre a mesma coisa. Diz que não tem mais o que esperar das palavras do Outro: "a palavra é o pior", mas não existe nenhum outro jeito, há que continuar, pois "o silêncio é o pior". Ao longo de vários de seus textos ele revela as astúcias, os artifícios para continuar apesar da ausência total de garantia, de conforto, de contorno da situação. No entanto, o que se coloca no lugar do pior silêncio não é o jogo de

---

25) BLANCHOT. *Thomas l'obscur*, op. cit., p. 107.
26) BLANCHOT. *L'espace littéraire*, op. cit., p. 54.
27) BECKETT. *L'innominable*, op. cit., p. 181.
28) BECKETT. *Cap au pire*, op. cit., p. 7.
29) CIORAN, Emile Michel. Em: "Découverrte de Beckett", *Cahier de L'Herne. Samuel Beckett*. Paris, Le Livre de Poche, Biblio-Essais, 1985, p. 50.

esconde-esconde com o que se supõe do desejo do outro que Duras representa, nem as soluções de fixação e ficção frente ao trágico do furo no Outro. Beckett não fixa, ele passa e repassa pelo pior. Subverte o pior numa derisão constante, num artifício que o explora, inventaria, desvia e contorna o tempo inteiro. Com sua ironia, a sua *litter-rasura* do pior, apesar do trágico extenso, o pior faz rir (*du pire au rire*).

O sujeito é destituído, sem nome. *O inominável* é, no entanto, feito de palavras e tem-se que dizer as palavras, já que se tem palavras; enquanto as temos. "Eu sou em palavras, eu sou feito de palavras, palavras dos outros. Eu sou todas estas palavras, todos estes estrangeiros, esta poeira de verbo. É preciso dizer palavras enquanto elas estão aí (...) é preciso tentar logo, com as palavras que restam."[30]

Existem outros artifícios para resistir ao pior: uns personagens, umas lembranças, alguns objetos, algumas hipóteses e conjeturas. Os diversos personagens de Beckett usam estes artifícios de maneiras mais ou menos bem-sucedidas para ajudar a continuar: a sacola preta de pequenos *bens* no *Oh les beaux jours*,[31] o armário em *O inominável*, onde se buscam restos de objetos de um passado. Há também os diversos personagens que deambulam de um texto ao outro, pequenos outros, figuras bem precárias de diversão do pior. Isso é flagrante em *Malone Meurt*, onde Malone interrompe seu monólogo para contar algumas histórias de personagens sem graça, que ele mesmo denuncia como artifícios de diversão. "(...) uma dessas histórias que você ia inventando para comportar o vazio, como ainda uma dessas velhas fábulas para que o vazio não venha amortalhar."[32]

Sobretudo, apesar de tudo, artifício precário, porém, incontornável, restam as palavras. Antes mal-dizer do que pior, o silêncio ("O silêncio, uma palavra sobre o silêncio. Sob o silêncio, é pior").[33]

Então ele fala. Ele? Quem fala? Ele não tem mais nome, o inominável, as palavras que maldizem não servem para o nomear, servem para fazer existir um dizer que subsiste, insiste, apesar do maldito. Quem fala? Beckett? "Mas é ele quem fala?" — pergunta

---

30) Beckett. *L'innominable*, op. cit., p. 211.
31) Beckett. *Oh les beaux jours* (*Happy days*), peça em 2 atos. Paris, Minuit, 1963.
32) Beckett. *Malone Meurt.* (*Malone Dies*) Paris, Minuit, 2004.
33) Beckett. *L'innominable*, op. cit., p. 199.

Blanchot — "O que é este vazio que se transforma em fala na intimidade aberta daquele que nele desaparece?"[34]

Ao final, o que Beckett nos ensina é que, de palavra em palavra, de silêncio em silêncio, é preciso se *virar*, *se débrouiller*, dar um jeito, é preciso continuar: "Sim, na minha vida, posto que é preciso chamá-la assim, houve três coisas: a impossibilidade de falar, a impossibilidade de calar e a solidão física; claro que com isso eu dei um jeito". Com isso Beckett se virou bem com seu *sinthome*, com sua ausência de saída.

> *Y allant tout droit au mieux de ce qu'on peut attendre d'une psychanalyse à la fin.*[35]

Esta é a lição da literatura para a psicanálise: no fim, uma psicanálise, passando pelo pior, pode fazer o melhor para o ser humano: transformá-lo em passador, rumo ao pior sem perder o humor. Concluindo com Blanchot: "O escritor se encontra nessa situação cada vez mais cômica de não ter nada a dizer, de não ver nenhum modo de escrevê-lo e de ver-se constrangido por uma necessidade extrema de sempre escrever".[36] É o que podemos esperar de melhor, por pior que pareça.

Parafraseando Blanchot[37] sobre a literatura, eu diria: a psicanálise, se parece abrir para o homem uma saída e facilitar o sucesso de sua maestria, quando tudo for bem sucedido (a psicanálise) descobre bruscamente a ausência de saída que lhe é própria.

> "Escrever serve para quê?" — (*à quoi ça sert d'écrire?*)
> "É ao mesmo tempo calar-se e falar",
> pergunta e responde Marguerite Duras.

Dominique Fingermann

---

34) BLANCHOT. *Le livre à venir*. Paris, Gallimard, Folio Essais, 1986, p. 287.
35) Em português: *Indo diretamente ao melhor que se pode esperar de uma psicanálise no fim.*
36) LACAN. "Lituraterre", em *Autres écrits*, op. cit., p. 11.
37) BLANCHOT. *Le livre à venir*, op. cit.

ATRAVESSAR O PIOR

A idéia de se dirigir ao pior conta com pouca aceitação. Principalmente quando se está voltado a algumas finalidades na vida, que mantém como meta a realização unívoca da felicidade. Ponto que Sigmund Freud, o pai da Psicanálise, fez questão de elucidar, afirmando que o sentimento de culpa é capaz de levar ao fracasso os que triunfam. Portanto, a recusa ao pior tende a acentuar sua potência, quanto mais a evitação é sinônimo da conquista de benefícios.

Ao se partir do princípio de que não há um destino pré-estabelecido e que tampouco a presença de Deus é capaz de evitar as contingências, é-se levado a admitir a possibilidade de um encontro marcado com o pior.

Evocar o pior como uma dimensão da experiência humana, implica poder promover os meios pelos quais o sujeito encontre condições de admiti-la. Neste sentido, não é mais a reparação ortopédica dos prejuízos que é promovida ao primeiro plano. Tampouco uma admissão resignada, como compensação a alguma falta subtraída no passado. Trata-se, sim, de admitir a possibilidade da escolha pelo pior, de permanecer ligado a um domínio da existência, em que o júbilo da transformação cede lugar ao fascínio das igualdades.

Mais além de tentar situar tal perspectiva na referência de uma paixão mórbida, introduz-se a necessidade de considerar que a dinâmica do ser de desejo não se mantém pela linearidade. É neste sentido que a economia dos gozos em Psicanálise, tal como articulada por Jacques Lacan, vai mostrar que, antes ainda de procurar o próprio bem, cada sujeito é marcado por uma tendência que o aspira. Ela o aspira, mais do que o inspira. E é por isso mesmo que quanto menos se decanta essa tendência ativa ao parasitismo, mais e mais o sujeito se devota, pelo sacrifício, ao encontro de uma satisfação inédita. Tão mais paradoxal, quanto mais é capaz de promover o preço da objetificação como condição de uma conquista perdida. Transmutação na qual o sujeito se consome, antes de consumir a mercadoria.

O oferecimento dos corpos às promessas da ciência assim o confirma. A consumação da dependência anuncia que, para o toxicômano, seu gozo se encontra antes no laço indissolúvel do que na substância consumida. A multidão anônima dos deprimidos apresenta, por seu lado, os efeitos de uma cultura sustentada nos objetos de uma felicidade vazia.

Sendo verdade que a experiência do pior introduz a força constitutiva da recusa, somos alertados para a possibilidade de que tal experiência nos surpreenda, no ponto em que a palavra falta ao encontro.

A conquista do pior é o ponto do qual se parte para realizar seu atravessamento. Tal como nas travessias, o sujeito parte para fazer o retorno por um Outro lugar. Ao permitir que o pior o conquiste, ele haverá de cumprir o trajeto com o qual se deparou em sua vida. Revirando-se na partida ele reencontra, pelo avesso, não mais o lugar que perdeu, mas sim um novo ponto, que não havia sido revelado antes de sua travessia. Lugar a partir do qual a necessidade de escapar e de se fixar ao pior é subvertida, por se manter atravessado por ele.

Mauro Mendes Dias

POR CAUSA DO PIOR:
INCIDÊNCIAS CLÍNICAS*

O Seminário que se inicia hoje tornou-se possível, primeiramente, por meio de um trabalho conjunto, em curso, entre a Escola do Fórum do Campo Lacaniano de São Paulo, e a Escola de Psicanálise de Campinas. Este trabalho tem como objetivo pesquisar e discutir as questões relativas ao final da Análise, e ao que Jacques Lacan intitulou "prova subjetiva", nomeada como passe. Foi a partir daí que propus à Dominique Fingermann desenvolvermos um trabalho de elaboração por cada um de nós, sob a forma de Seminário, o qual estamos dando início hoje.

Essa experiência, inédita para ambos, sustentada por dois psicanalistas da mesma orientação, ao mesmo tempo em que membros de duas instituições diferentes, permite introduzir uma dupla consideração:
1. A transmissão da Psicanálise é não toda por uma Escola de Psicanálise;
2. A constituição de laços de trabalho entre psicanalistas que se orientam pelo mesmo ensinamento atualiza a causa do desejo como o elemento que distingue o ensino da Escola.

Quando da divulgação do Seminário, a maior parte dos presentes recebeu um *folder* no qual se encontra a ilustração do quadro de Brueghel, cujo título é: *O triunfo da morte*. A começar pelo quadro, encontramos a base do que será articulado no decorrer de nossos encontros: o triunfo da morte. Este triunfo diz respeito,

---
*) Texto apresentado em 24 de maio de 2002, no Seminário de Dominique Fingermann e Mauro Mendes Dias "Por causa do pior", realizado em São Paulo, SP, de 24 de maio a 8 de novembro de 2002.

primeiramente, à forma pela qual a morte se introduz. Trata-se de uma invasão. Daí, o valor elucidativo que adquire o sino tocado pelos dois esqueletos. Eles anunciam a invasão. Olhando atentamente, poderemos perceber que se trata, por um lado, de uma batalha, e por outro, de um triunfo, ou seja, de uma vantagem, de uma superioridade da morte sobre a vida. A morte, no quadro, ocupa todos os lugares e funções atribuídos aos seres humanos.

Ela substitui os sacerdotes junto à cruz. A quantidade de esqueletos introduz a transmutação pela morte, mais além do falecimento, ou castigo. Isto porque o esqueleto é um símbolo de mudança, daí que em geral ele é representado com um sorriso sarcástico, gracejando do apego aos objetos mundanos, uma vez que transita entre a vida e a morte. Neste sentido, a cruz evoca menos o sacrifício do filho de Deus do que sua representação expressa desde os gregos, época em que ela já existia. Trata-se de um símbolo fundamental, considerado o mais totalizante.

A cruz escreve a intersecção de duas retas, a partir das quais se retira um centro que rebate sua ligação com o exterior. Na ligação entre os pontos vêem-se desenhar, ao mesmo tempo, as figuras do quadrado e do triângulo. A cruz indica também os quatro pontos cardeais: norte, sul, leste e oeste. Ela é o que liga o céu e a terra, com a haste vertical apontando para cima, aos céus, e fixada ao chão, na terra. Reunindo esses dois elementos, o esqueleto e a cruz, podemos dizer que se trata de uma mudança de posição em função da invasão da morte na vida, que se revela nesse quadro.

A partir da presença do pior constar associada à causa, como no título do Seminário, realiza-se uma ligação com a questão apresentada pelo quadro. Isto porque é preciso poder se orientar através desse elemento que invade e determina uma vida. Portanto, uma interrogação se impõe: qual a significação de "pior" a ser considerada em nossa orientação?

Vamos encontrar como acepção corrente em nossa língua o sentido determinado pelo advérbio, como mais mal, e pelo adjetivo, o sentido de inferior a tudo, como mais mau. Vou privilegiar o sentido pela via do advérbio mostrando, em seguida, os motivos da escolha.

Há um determinante de grande importância no sentido de mal, pelo advérbio. Ele introduz, pela raiz latina, o sentido daquilo que não devia ser, daquilo que vai em direção contrária. Apresenta-se sob a forma de interjeição, evocando a presença de um elemento novo, que não necessariamente causa mal, ou que é de má qualidade, como expresso pelo adjetivo. Portanto, o sentido de mal, pelo advérbio, é consonante com mal-estar, com o que não se adapta, com o que causa conflito.

O "pior" no sentido de mal pelo advérbio evoca a obra de Freud *O mal-estar na civilização*, de 1929-1930, como texto de referência para os fundamentos do problema do mal, uma vez que ressitua a questão do pior na perspectiva do que está para além do Princípio do Prazer. Posição que se diferencia de um segmento do movimento psicanalítico que reservou às articulações de *Além do princípio do prazer* a qualidade de confuso e obscuro, em função das contingências traumáticas da vida de Freud, no caso, a morte de sua filha, nesse mesmo período.

Na tradição que aqui se mantém, o "pior" retoma o título de um dos Seminários de Jacques Lacan, o de número XIX, "...Ou pior". Antes de abordar o sentido presente no título desse Seminário, vou lembrar que ele foi proferido nos anos de 1971-1972 e foi o único Seminário realizado ao mesmo tempo em que um outro, iniciado um mês antes, cujo título é: "O saber do psicanalista".

É notável que na pesquisa feita e que consta na orelha dos Seminários editados em português, não haja menção ao Seminário "O saber do psicanalista". Não somente cada um deles foi proferido em lugares diferentes, um em Sainte-Anne, o outro no Panthéon, como também o próprio Lacan adverte para o fato de que no "O saber do psicanalista" ele "fala para se divertir". Ele retorna a Sainte-Anne pela primeira vez desde que interrompeu seu Seminário "O nome do pai"*, em 1963. Neste sentido, cabe interrogar a significação que pode ser aplicada ao "O saber do psicanalista", depois que uma interrupção de oito anos é suspensa. E a resposta que podemos extrair é a de que o Seminário não se refere exclusivamente aos psicanalistas. Tanto é assim, que ele renova o voto de 1963, quando se inicia uma mudança de seu público, dirigindo-se agora primeiramente aos residentes em Psiquiatria.

---

*) LACAN, Jacques. "Les noms-du-père", Seminário de novembro de 1963. O nome inicialmente adotado por Lacan foi "Le nom du père", no singular.

Além de não homologar saber com conhecimento, trata-se de aproximar a condição que o saber do psicanalista faz agir, enquanto marcado pela não superposição com a verdade. Dessa forma, há importância em distinguir o lugar de onde se fala, assim como para quem se fala, enquanto condição de poder articular a relação entre a fala e o lugar de onde se diz. Condição que remete, ao mesmo tempo, ao lugar geográfico e a seu público, assim como à prática psicanalítica. Questão que merece ser destacada, já que a menção a quem a fala do psicanalista se dirige é renovada, depois que Freud demonstrou, pela descoberta do inconsciente, que aquele que fala não é coincidente com aquele de quem se fala. Desde aqui cabe interrogar qual o tipo de discurso, assim como de política presente na transmissão da Psicanálise, quando se subtrai essa referência ao Seminário de Lacan, no conjunto de sua obra em nossa língua.

Particularmente, se mantivermos na lembrança que não é banal a distinção realizada entre um lugar em que a fala é para se divertir, e um outro, no qual se articula com seriedade. Basta não esquecermos que este é o momento em que estão sendo enunciadas, em termos lógicos, a posição masculina e a feminina na sexualidade. Portanto, seriedade e diversão devem ser associadas com as respectivas posições sexuais, e não somente tomadas na acepção corrente. Considero este ponto fundamental, uma vez que esta subtração realiza, pela política da transmissão, o apagamento da diferença sexual.

Em relação ao sentido de "pior" presente no título do Seminário "...Ou pior", vamos encontrar a primeira menção no dia 4/11/1971, abertura do Seminário "O saber do psicanalista", no qual Lacan diz o seguinte: "Este 'ou' é o que chamamos *vel* ou *aut*, em latim". Em latim, *aut* é uma conjunção que significa "de outro modo", "do contrário", "aliás". Portanto, podemos escrever: "...do contrário pior".

Em relação aos três pontinhos, uma série de operações vai permitir substituí-los por "não há relação sexual". O que nos autoriza a reescrever o título do Seminário da seguinte maneira: "não há relação sexual, do contrário pior".

Podemos acompanhar que o sentido de pior, presente no título do Seminário de Lacan, vai em direção ao que contraria não haver relação sexual. Ou seja, que pior designa o que vai em direção contrária à diferença sexual, que pior implica a não aceitação do desejo sexual enquanto articulado de forma diferenciada para um homem e para uma mulher, ou ainda, que pior contraria não haver complementaridade sexual.

Uma vez que "não há relação sexual" é proposto como verdade pelo próprio Lacan, e a verdade, como ele também afirma, não se diz senão pelo meio, pelo meio dizer, então podemos concluir que não haver relação sexual implica a presença do pior, ou seja, que há verdade com pior, por isso ela não é por inteiro, uma parte sua está submetida ao pior.

Vou partir do princípio de que há uma relação, ao mesmo tempo, íntima e externa do pior com a verdade e da verdade com o pior. É o que nos permite situar afirmações do tipo: "não há nada pior do que a verdade". Por outro lado, o princípio estabelece que há:

1. o pior da verdade
2. a verdade do pior

Vale lembrar que esses dois enunciados não são complementares, tampouco recíprocos. Com relação ao pior da verdade, pode-se dizer que consiste em sua condição de não poder ser dita por inteiro. O que significa que não se acede a ela pelo sentido, daí o caráter de surpresa que a verdade introduz, desnudando quem fala. Tal condição atualiza a pergunta sobre o lugar que o psicanalista deve ocupar, de maneira a permitir que o pior da verdade, sua condição de meio dizer, possa advir.

O pior da verdade mantém íntima relação com o saber do psicanalista. "A questão do saber do psicanalista", lembra Lacan, "não é absolutamente que isso se articule ou não, a questão é saber em que lugar é preciso estar para sustentá-lo."

Algumas condições são exigíveis para articular este ponto relativo ao pior da verdade e suas incidências na clínica.

1. É preciso que haja, do lado do psicanalista, uma objeção ao sentido. Tal condição, para não ser transformada em regra técnica, merece ser situada como condição para ocupar o lugar de psicanalista. Ela é sinônimo da condição de morto, um dos preços de sua função enquanto morte de seu ego, de maneira a permitir o manejo da transferência analítica. Nesta direção, manter o termo de diálogo para o que se desenrola

entre o psicanalista e o analisante, só se sustenta, caso se possa acrescentar a denominação de interrompido.

2. Fazer objeção ao sentido é também a possibilidade de introduzir o que está sendo elaborado por Lacan na época do Seminário XIX. Trata-se agora de ultrapassar a dimensão do sentido, na sua sustentação mínima com dois elementos, condição de uma série. Daí que Lacan vai introduzir o "Há Um", o "Um a menos", como o termo que, nessa perspectiva de objeção ao sentido, retira o suporte do serial. Uma primeira incidência clínica de tal desenvolvimento compromete ainda mais o analisante com o que ele diz, ou seja, a intervenção do psicanalista se reduz, implicando-o pela redutibilidade da presença. Tal orientação acentua a insistência para que o sujeito advenha ao dizer, ou seja, para que seu compromisso com a palavra produza um acontecimento único, singular.

Se o pior da verdade coloca questões para a clínica do psicanalista, isto se dá pela condição do pior como meio dizer. Mas há também a condição em que o psicanalista é confrontado com o pior, desde que ele seja o que vem suturar a verdade. O que nos indica, outra vez, que o pior é aquilo que, por um lado, referencia uma abertura, e por outro, um fechamento. Penso que as palavras de Lacan pronunciadas no primeiro encontro do Seminário XX vão nessa direção, ao comentar o Seminário "...Ou pior": "Nosso caminho, o do discurso analítico, só progride por esse limite estreito, por esse corte de faca, que faz com que, alhures, isso só possa ouspiourar".

Se acompanharmos essa frase, vamos poder reconhecer que o que está em jogo pelo pior, através do discurso analítico, por meio do desejo que esse discurso acentua, é que há, em outro lugar, algo que o aspira, que aspira o desejo. Isso que aspira o desejo, e não que o inspira, é o que comparece como *ouspiourar*. Estamos aqui no cerne da economia do ser de desejo, no que ele, ao desejar, também participa do gozo, do *ouspiourar*. Se há, alhures, *ouspiourar*, é mesmo porque o discurso analítico só progride por esse "limite estreito", que trata das relações entre o desejo e o gozo. Em outras palavras, *ouspiourar* alhures é o que situa o gozo como esse empuxo à morte enquanto indissociado do desejo.

Agora, por último, vamos tratar da verdade do pior em suas incidências clínicas: — "Isso é o pior que podia ter me acontecido";

— "Depois disso não há nada de pior para acontecer", são frases que se recolhem da experiência cotidiana, e que definem uma primeira característica do pior: o insuportável. E aqui, no sentido em que falta o suporte da palavra. O sujeito é pego inteiramente desprevenido, ainda que ele esteja avisado da iminência de um tal acontecimento. Portanto, a primeira dimensão que a verdade do pior nos revela, é que o suporte paterno, simbólico, da palavra encadeada, fracassa. Neste sentido, o pior é um dos nomes da queda do pai, enquanto este designa o simbólico, pela Psicanálise. O pai tomba diante do pior. Pelo menos duas alternativas são introduzidas como efeito dessa queda:

1. fugir do pior.
2. entregar-se ao pior.

É preciso lembrar que o pior não é considerado aqui como aquilo que é fantasiado, ou mesmo imaginado pelo sujeito. O pior faz marca, ele é real, portanto, a fuga não apaga sua marca, ela apenas o interrompe, o encobre. Uma vez que podemos admitir que uma das leis que regulam a espécie falante é a lei do retorno, como condição que a linguagem imprime, o preço dessa alternativa de fugir do pior, consiste em se reencontrar com ele de forma tão mais devastadora, quanto mais o retorno não incide necessariamente através dos mesmos elementos que numa primeira ocasião o qualificaram. Como conseqüência dessa alternativa de fugir do pior pode-se situar o advento da crença no destino, seja para dar uma moldura ao pior, depois de ocorrido, seja para acreditar que, pela crença no destino, podem-se evitar os encontros faltosos, enquanto princípio da contingência. Por extensão, a religião é uma resposta ao pior, sendo Deus a sua sustentação.

A alternativa de se entregar ao pior permite situar o que retomamos aqui como demissão subjetiva, marca de nossos dias. Não se trata, tão-somente, de uma questão homologável à covardia. Isto porque, tal como indicado antes, o pior cobra o seu preço, pelo retorno. Por isso mesmo, a multidão avassaladora dos deprimidos que povoam nossas sociedades, com o apoio da ciência que legitima seu quadro, é a colocação em cena de uma saída generalizada ao pior, pelo pior.

Daí que esta alternativa nada mais é do que uma forma de se entregar ao pior. Condição que não pode prescindir, hoje, de uma análise da função e do lugar da ciência em nossas vidas. A depressão é, assim, um tipo de consentimento ao pior.

Tanto a fuga do, quanto a entrega ao pior são geradoras de dois tipos de gozo, uma vez que, de saída, são duas modalidades de realizar uma antinomia ao desejo, aspirando o sujeito em direção à morte de sua própria subjetivação, em troca de uma satisfação que promete a eliminação dos desencontros.

A experiência da Psicanálise permite introduzir que:

1. é ético aceitar o pior.
2. é possível optar pelo pior.

A opção pelo pior é implementada por uma falta de barreira em relação à morte, pela cativação de um gozo sem interdito. Se o deprimido é aquele que se entrega, pela demissão, ao pior, o suicida é o nome daquele que, no limite, opta por ele. Daí as justificativas que se aplicam àqueles que realizaram tal opção, não deixando de evocar essa dimensão da falta de barreiras, quando se afirma, por exemplo, que o sujeito, enfim, deve ter passado para uma melhor.

O que a experiência da Psicanálise ensina é que aceitar o pior, enquanto ética, é condição de manter o "não há relação sexual" como verdade. É ético porque não há a verdade, daí o pior. Contudo, tal posição não deve ser considerada uma aceitação passiva, abnegada, compreensiva. Tal como os efeitos de não haver relação sexual, de não haver complementaridade, o sujeito haverá de aceder a essa verdade, negando-a. Faz parte da sua condição de falante. Daí que, face à verdade do pior, o manejo do psicanalista deverá, mais uma vez, prescindir do convencimento do sujeito. Condição para que o analisante possa, se for possível, redizer o pai, pelo pior.

Uma vez que o pior faz cair o pai, o símbolo, então a experiência da análise é aquela que permite que se construa um trajeto com isso que caiu, ou seja, do pai ao pior. Daí que o lugar do psicanalista frente ao pior não pode se confundir com aceitação ilimitada, condição de permitir o trajeto ao pai, pelo pior, desde onde a referência ao pai se modifica, pelo pior.

A experiência do pior reintroduz a impossibilidade de eliminação do mal-estar próprio aos seres sexuados. Neste sentido, é uma experiência que interroga o fim e a finalidade de uma análise. Isto porque vale perguntar se a redução de uma análise à finalidade terapêutica, enquanto princípio de eliminação dos sintomas, não seria, nessa perspectiva, uma forma de tentar eliminar a experiência do pior. Tal interrogação introduz a necessidade, pelo pior, de considerar uma irredutibilidade do sintoma que, por sua vez, o implicaria numa outra definição, desde a qual a questão de uma análise não poderia ser mais reduzida a conclusão do que habitualmente se instituiu como cura. Condição que não se confunde com considerar que uma análise é uma experiência que não tem um fim com o psicanalista.

Vale lembrar que existem implicações políticas para as questões indicadas. Ou seja, diferentemente do que se imagina, a política se tece, em Psicanálise, através do lugar que se ocupa frente às questões promovidas pelo inconsciente, tal como incidem na prática psicanalítica. Nesse sentido, não parece que tenha sido à toa a advertência de Jacques Lacan aos psicanalistas, quando lembra o tratamento diferenciado dado ao sintoma, em Psicanálise, e no marxismo.

Vou deixar para nossa discussão, após os comentários de Plínio Montagna, a possibilidade de estender as incidências clínicas do pior.

Mauro Mendes Dias

REFERÊNCIAS BIBLIOGRÁFICAS

FREUD, Sigmund. *O mal-estar na civilização. Obras psicológicas completas*, v. XXI. José Otávio de Aguiar Abreu (trad.). Rio de Janeiro, Imago, 1996.
_____. *Além do princípio de prazer. Obras psicológicas completas*, v. XVIII. Christiano Monteiro Oiticica (trad.). Rio de Janeiro, Imago, 1996.
LACAN, Jacques. "...Ou pire". Seminaire XIX. CD Jacques Lacan.
_____. "O saber do psicanalista". *Seminário XIX*. Ana Izabel Correa, Leticia Fonseca e Nanette Zmery Frej (trads.). Recife, Centro de Estudos Freudianos do Recife, 1997.
_____. "Mais, ainda". *O Seminário*, livro XX. Versão brasileira. M.D. Magno. Rio de Janeiro, Jorge Zahar, Coleção Campo Freudiano no Brasil, 1982; 2. ed., 1985.

O PROBLEMA DA IDENTIFICAÇÃO NA POSIÇÃO DEPRESSIVA

O PROBLEMA

A indicação da existência de um problema, ao nível da identificação, na posição depressiva, evoca, em primeiro lugar, o sentido do termo problema anunciado no título do texto de Freud "O problema econômico do masoquismo", de 1924. Como se sabe, tal como assinalado por C. Balandier, o problema que Freud vai procurar abordar, diz respeito ao tipo de presença do sentimento de culpa atuante no masoquismo moral. Freud resolve a questão mostrando que o Eu e o Supereu formam o verdadeiro par sadomasoquista. Sendo assim, a moral é ressexualizada através da tortura interior causada pelo Supereu ao Eu. Com isso, o masoquismo passa a ser aliado, de forma inédita, do Princípio do Prazer, ou seja, se encontra do lado do Eu.

IDENTIFICAÇÃO E GOZO

Em termos do problema da identificação na posição depressiva, trata-se também de depurar um Outro tipo de agenciamento, que possa esclarecer seus fundamentos, como fundamentos pela identificação. Por isso mesmo que ao enunciar, no título, o reconhecimento de um problema na posição depressiva, tal indicação não equivale a eliminar a existência de identificação na posição depressiva. O que nos importa depurar, hoje, como uma de nossas questões, diz respeito à economia de gozo presente na posição depressiva, nomeada de forma corrente como depressão. Mais adiante, a identificação pelo significante, permitirá esclarecer o tipo particular de agenciamento que promove o gozo nessa posição.

Tanto mais poderá nos interessar esse aspecto, quanto mais pudermos relembrar que a economia de gozo se apresenta, em Freud, como a causa maior da falta de eficácia da interpretação junto ao sintoma. Desde Freud, a questão do gozo se apresenta como uma força que aspira o sujeito, na direção oposta ao desejo, e contrária ao prazer. Neste sentido, tanto a economia do gozo é uma economia, que a depressão é uma palavra utilizada, primeiramente, em larga escala, na operação e na divulgação do mercado econômico. Por isso mesmo, há uma extensão da depressão a ser realizada ao tipo de laço social ao qual o sujeito decide freqüentar na atualidade.

Começo, desde já, a chamar atenção para o fato de que, se há uma instrumentalização do sujeito na atualidade, isto não significa que de sua parte não haja uma escolha para se encontrar aí. Fala-se pouco deste ponto. Talvez, seja essa uma das causas pelas quais a demissão subjetiva, que está em jogo na depressão, seja tão pouco reconhecida. Há uma causa para o abatimento. Caso contrário, ficará difícil distinguir o materialismo empírico, orgânico, do materialismo significante, presente desde os primeiros textos freudianos, quando, no Projeto, já não há coincidência entre o cérebro e o Aparelho Psíquico.

DEPRESSÃO: SÍNDROME E POSIÇÃO

Antes ainda de dar prosseguimento ao que foi iniciado, alguns pontos merecem ser esclarecidos.

A utilização do termo "posição depressiva" permite realizar, de saída, uma dupla diferenciação. Em primeiro lugar, em relação à Psiquiatria. A depressão não é, na Psiquiatria, uma questão de posição, ela é, sim, uma síndrome, um distúrbio do humor, um conjunto de sintomas, uma questão de classificação. Em continuidade à tradição que deu origem ao conceito de humor, a depressão é situada na referência das substâncias eletroquímicas que atuam, em *deficit*, nas ligações mantidas entre os neurônios do cérebro.

O outro aspecto relativo à posição depressiva refere-se à tradição da Escola Kleineana. Para Melanie Klein,

> A angústia depressiva está ligada aos perigos sentidos como ameaça ao objeto amado, e isto, sobretudo em decorrência da agressividade do sujeito devido à ameaça da perda do objeto de amor. A criança passa a temer, então, que o objeto amado seja danificado ou destruído por seu ódio.

Por isso mesmo, a tendência à reparação é característica da posição depressiva enquanto conseqüência desse sentimento de culpa. O Eu poderá se valer também de defesas maníacas, como forma de tentar escapar aos sofrimentos causados pela angústia na posição depressiva. Vale notar, que para Melanie Klein, a posição depressiva é considerada elaborada, quando a criança interioriza seu objeto de amor. Contudo, uma integração completa e definitiva do Eu nunca é possível. O que significa que esse luto do objeto de amor é revivido a cada sofrimento, reativando a reconstrução do mundo interno em cada nova elaboração que envolva a experiência de perda.

A utilização que faço aqui da expressão "posição depressiva" distingue-se das condições anteriores, na medida em que "posição" refere-se ao lugar ocupado pelo sujeito na dialética constitutiva do desejo com o Outro. Sendo verdade que nessa dialética da constituição do sujeito há emergência do problema do objeto de amor, na etapa da frustração, é verdade também que ela vai ser ressignificada através da posição do sujeito na Castração. Portanto, o objeto de amor passará a ser situado a partir do tipo de solução encontrada para lidar com o desejo do Outro, na construção do Fantasma. Evidentemente que aqui me refiro a uma dialética com o Outro, na qual o que se encontra privilegiado é o sujeito da fala, para o qual a primeira identificação, como amor ao pai, já foi firmada.

A COVARDIA MORAL E SEUS SINTOMAS

"Posição" compromete o sujeito no sintoma pelo fantasma. Sendo assim, consideraremos que o típico dessa posição foi enunciado por Jacques Lacan, com o termo "covardia moral". Ao seguir a tradição iniciada por Dante e Spinoza, o termo covardia moral permite apreender uma responsabilidade do sujeito. Assim, a demissão subjetiva se anuncia como o outro nome do que está em jogo para o sujeito na posição depressiva. O sujeito se demite de ter de se haver com as implicações que a emergência do desejo do Outro lhe promove. De forma introdutória, o que está em jogo nessa posição é um sujeito que cai antes da queda. O sujeito cai na depressão ao entrever a queda de seu lugar, promovida pela referência do desejo do Outro a um plano de mais além, através do falo imaginário. A opção pela depressão é constituída através da demissão subjetiva, enquanto ato que retira o sujeito de cena. Mais adiante será definido o estatuto dessa retirada.

Uma vez que as articulações desenvolvidas até então partem da experiência clínica com sujeitos que se apresentam nessa posição, vale destacar a presença constante de três manifestações sintomáticas dessa posição no Fantasma:

1. São sujeitos que se mantém preferencialmente debaixo das cobertas. Deve-se notar que as cobertas cumprem a função de reafirmar uma barreira entre o sujeito e aquilo que vem do Outro, evitando seu mais além. Por isso mesmo, a questão que se encontra em jogo diz respeito à necessidade de ficar embaixo, de não ser visto e, da mesma forma, de não querer ver. Trata-se aqui de uma negação da realidade que evoca a negação sistemática da realidade, desde que consideremos que o que está em jogo para o sujeito falente é que sua realidade se constitui segundo a forma pela qual ele lida com o sentido. E esse sentido se apresentará ao sujeito a partir do Fantasma. Sendo assim, ao colocar como possibilidade uma negação da realidade, na posição depressiva, acentua-se a necessidade de precisar a forma pela qual, desde essa posição, o sujeito constrói uma realidade da qual ele se demite. Que sentido é esse? Desde qual conjunção ele pode ser construído? Quais são os agenciamentos discursivos necessários a se apresentar como decisivos, de forma a produzir uma posição como esta?

2. Como segunda manifestação sintomática que se pode recolher na posição depressiva, ela diz respeito a uma alteração da postura ereta, marcada, em grande parte dos casos, por uma curvatura corporal, aliada a um olhar combalido, mantido por uma abertura

reduzida das pálpebras, e um desvio acentuado da possibilidade de troca pelo olhar. Encontramos, assim, os efeitos que podem ser apreendidos como derivados da evitação do Outro, no tocante à libidinização do olhar e à escopia corporal. Isto porque a imagem corporal se constrói a partir do Outro. Por isso mesmo, será preciso fazer com que sua demanda seja dirigida ao Outro, ou seja, é preciso fazer constar, fazer ver, fazer presença.

A opção pela demissão subjetiva é responsável pela redução da condição de se fazer ver ao Outro, a partir da qual a posição ereta e a captura pelo olhar se afirmam. E se a posição ereta e a captura pelo olhar se firmam, pelo Outro, através da relação com o Outro, é porque o objeto com o qual o sujeito se identifica, compromete-o em seu ser, como ser de gozo. Portanto, deixar-se capturar nesse lugar, no lugar do deprimido, tal como atribuído pelo Outro da ciência, implica gozo.

Ser deprimido e foraclusão do sujeito

Ser deprimido é um dos nomes do ser na atualidade. Pela depressão o sujeito se faz um ser. A depressão é o significante que, vindo da ciência, produz um ser de gozo que se chama: ser deprimido. O problema que vou tentar articular, se coloca, mais além, quando se considera que a depressão se explica como sinônimo de uma perda fundamental, vivida na tristeza sem interrupção. E quando afirmo a existência de um problema, é no sentido de fazer presente uma dupla implicação. Em primeiro lugar, quando se retira a participação da economia de gozo na depressão, pelo Outro da ciência, perde-se inteiramente de consideração uma série de questões que decidem pela condução da transferência. Isto porque não é a mesma coisa, de um lado, atribuir somente à medicação do sujeito deprimido uma melhora biológica e, de outro, considerar a medicação enquanto integrada na análise, desde que uma das questões que se colocam, a partir da depressão como um dos nomes do gozo, é o fato de que a diminuição ou a mudança da medicação interfere na sua economia de gozo. Por quê? Exatamente porque o deprimido, enquanto efeito do discurso da ciência, se pensa a partir do corpo biológico, ou seja, é um corpo delirante, uma vez que integra todo o ser de gozo do sujeito, no organismo, eliminando, assim, o gozo sexual. Encontra-se aqui, a modalidade de foraclusão pela qual se estrutura o sujeito da ciência.

A segunda implicação se refere à possibilidade de leitura retroativa do problema. Tanto a posição depressiva é uma posição de demissão, que ele se esconde do Outro. O sujeito, na posição depressiva, se sabe covarde. Ele se deparou com alguma coisa que tomou conta dele inteiramente. Ele mesmo, mal sabe dizer como aconteceu. Foi acontecendo. Pacientemente, as marcas que foram sendo deixadas pela demissão, reaparecem, denunciando o sujeito em sua covardia em relação ao desejo. O sujeito deprimido se esconde porque seu maior sintoma é a culpa. A culpa de ter desistido do desejo e de não ter consentido a ele.

CAPITALISMO FARMACÊUTICO

O que é foracluído do Simbólico, ensina Jacques Lacan, retorna no Real. O que retorna no Real da foraclusão do gozo pela ciência não é senão um sujeito que, foracluído do gozo, não tem como conectar a economia do desejo. A foraclusão do gozo afeta a dinâmica do desejo, tanto mais que um dos efeitos da foraclusão do gozo é a produção de uma impossibilidade para construir uma posição no fantasma. Por isso mesmo, na foraclusão do gozo, o sujeito não é mais comandado pelo significante, uma vez que esse último é causa de gozo.

Quando afirmo que o sujeito não constrói um lugar a partir do Fantasma, é para diferenciar como se dá a instrumentalização do sujeito. Não estou afirmando que não haverá fantasma. A diferença é que o sujeito, agora, é comandado pelo objeto. A partir daí, pode-se situar o tipo de comando sobre o sujeito que a ciência promove. No caso da depressão, resolvi cunhar a expressão de "Capitalismo Farmacêutico", para situar a íntima conexão do capitalismo com a ciência. Aprendemos, com a depressão, a acompanhar a emergência de novos mercados. O surgimento de novas medicações, a todo momento, e de outras especialidades médicas, além da Psiquiatria, inaugura um novo tipo de prática e de mercado, por meio da prescrição de antidepressivos.

A era do Capitalismo Farmacêutico caracteriza-se pela produção de sujeitos esvaziados de gozo e congelados no desejo. Tanto mais congelados quanto mais pudermos nos recordar que a paternidade simbólica caiu no Real. Nesses termos, o Capitalismo Farmacêutico faz da paternidade uma mercadoria vendida e congelada nos bancos de sêmen.

A partir da presença do sujeito do desejo e do ser de gozo, a depressão poderá ser rearticulada pela abordagem psicanalítica. Caso contrário, haverá sempre a tendência a uma pseudo-abertura, aceitando-se a medicação de forma irrestrita, sem revelar-se nenhum entendimento sobre a questão do desejo e do gozo no sujeito. Não há motivos para autorizarmos que a questão da posição depressiva seja mantida somente na referência de uma ciência do cérebro, supostamente, mais avançada. Este ato, além de empobrecer as elaborações, através dos efeitos nefastos da univocidade, contribui para eximir o sujeito da responsabilidade ética para com seu sintoma.

SONO E SONHO NA DEPRESSÃO

3. Diferentes problemas relativos ao sono encontram-se presentes na posição depressiva: variam entre a condição de os sujeitos passarem dormindo o dia inteiro, até a de terem o sono interrompido, seja por não conseguirem dormir logo, seja por acordarem sem qualquer motivo durante o sono.

No que se refere aos problemas com o sono, começaremos lembrando do ensinamento freudiano de que, em nosso campo, o sono é efeito do sonho. É o sonho que sustenta o sono. A demissão subjetiva, como posição do sujeito, implica que se altere o circuito de articulação do desejo no sonho. Por isso mesmo, é preciso poder se situar em relação ao sentido que os sonhos ocupam na prática psicanalítica. Uma vez em análise, o próprio sonho passa ao Outro. Passa pelo Outro da transferência, que o orienta, e passa pelo Outro, como simbólico, como Outra coisa inteiramente diferente de quando não se estava em análise.

Em outras palavras, há uma histericização do discurso que causa o sonho, enquanto uma Outra forma de dirigir ao Outro, uma demanda de saber sobre a causa do desejo.

Não somente os sonhos se inscrevem, em Psicanálise, pela presença do psicanalista, como, por isso mesmo, o sonho é um tipo de demanda. Ele realiza desejo, como Freud ensina, desde que se esteja alertado para o fato de que o desejo que foi realizado, constituiu-se a partir de um significante recalcado. Se o sonho é a realização de desejo, ele o é, desde que se possa relembrar que tal desejo é um desejo recalcado em sua origem. Isto determina que a realização não procede da mesma maneira em um segundo tempo, com a possibilidade, agora, de insistir através da articulação do recalcado. Nesses termos, como lembrou François Leguil, "a descoberta de Freud é que o sentido do sonho não está no enigma a ser decifrado, mas na razão que o determina".

Não me parece fora de limites articuláveis que possamos considerar que a interrupção do sono tem estreita relação com a impossibilidade de o desejo se articular em demanda. Em uma temporalidade monótona, o significante fica reduzido à condição de aparição, há uma lembrança de que se sonhou, mas isso não chega a entrar em palavras. Há também o caso em que o sonho é muito longo, diferentes cenas ou situações se estendem, sem maiores ligações ou interrupções. Aqui, nós encontramos os efeitos da demissão subjetiva de uma forma evidente. Pois, trata-se de considerar a possibilidade de que haja discurso dirigido ao Outro, através do relato dos sonhos, mas de esse discurso não vir marcado por nenhum traço significante. Há uma notável dessensibilização dos possíveis impactos que pudessem surgir pela demanda. O sujeito conta o sonho, muitas vezes, com o mesmo grau de falta de interesse que tem nas coisas que estão à sua volta.

A possibilidade de articular a posição depressiva com os sonhos permite apreender a importância das alterações de sono e de sonho relatadas pelos sujeitos no momento que eles mesmos chamam de "saída da depressão".

Antes de avançar sobre a questão que envolve o problema da identificação na posição depressiva, destaco que esta comunicação se atém especialmente à experiência clínica com a condição de deprimidos em que os sujeitos se apresentam, desde o primeiro momento, ao marcar entrevista por telefone. Condição que os diferencia, minimamente, das experiências nas quais os sujeitos freqüentam a depressão através de um episódio, numa temporalidade situável simbolicamente através das questões que estão sendo elaboradas. Contudo, em um e em outro caso, há um entrelaçamento da depressão, da posição depressiva, com a economia do Fantasma. Não é à toa que Jacques Lacan reconheceu a existência de um episódio depressivo no final da análise que, segundo ele, é uma experiência que implica o atravessamento do lugar em que o sujeito se mantinha, pelo Fantasma.

No tocante à depressão, a clínica psicanalítica se atualiza como uma alternativa responsável aos fracassos da Psiquiatria. Ela é tanto uma alternativa diferenciada, que responsabiliza seus agentes pelos efeitos que produzem, quanto é uma alternativa responsável em reconhecer o sujeito em "quem fala"?

O PROBLEMA DA IDENTIFICAÇÃO

Uma vez que o tema que nos reúne é o da identificação, vou começar afirmando que há presença de identificação ao significante, há traço unário na posição depressiva. A posição depressiva, como o seu próprio nome indica, é uma posição, ou seja, está referida ao Outro. Nestes termos, a posição depressiva é um dos nomes possíveis de uma posição, pelo Fantasma. Contudo, tal posição acaba encobrindo significativamente qualquer outro traço de particularidade do sujeito. Como situar isto? Ou seja, por que a depressão é encobridora? E ainda, porque o sujeito que se apresenta como deprimido, fala sempre de si mesmo através dos remédios que toma?

Vou procurar mostrar que a "covardia moral", associada por Lacan à depressão, torna-se inteligível, uma vez que se considere a participação do Outro da ciência, por meio do qual a depressão conquistou status de síndrome transestrutural. Na Organização Mundial de Saúde, a depressão foi distinguida como uma pandemia. Partindo do princípio que a inclusão da ciência é condição necessária para articular a questão da depressão, seremos levados a explicitar sua relação com o capitalismo. Desde então, temos indicado que a questão que está em jogo, pela Psicanálise, com o capitalismo e com a ciência, diz respeito ao gozo, à modalidade particular de agenciamento do sujeito. Do lado da ciência, vamos encontrar uma foraclusão do gozo, ou seja, o sujeito e seus impasses com o objeto do desejo desaparecem, e em seu lugar vão surgir diferentes tipos de empenho, de servidão, de intoxicação, que promovem o encontro com o objeto como possível. O desaparecimento do sujeito, produzido pela ciência, é co-extensivo a toda e qualquer prática que foraclui a questão do gozo, desaparecendo com os impasses e os excessos.

Discurso da histeria e discurso da ciência

Quando recordamos que o discurso histérico se define pela condição de ser aquele que dirige uma questão ao Outro, e que Jacques Lacan aproximou o discurso histérico do discurso da ciência, acabamos nos deparando com a possibilidade de, ao situar essa conexão, situar a base desde a qual a posição depressiva pode ser articulada nesses discursos.

Sobre este elemento comum que permite realizar a primeira aproximação entre o discurso da histeria e o discurso da ciência, vale lembrar, Lacan nunca escreveu, tampouco deu indicações para a sua escrita. O que é comum ao discurso da histeria e a foraclusão do gozo, é que em um e em outro caso, o sujeito é marcado por um não saber do que o causa, enquanto causa de seu desejo. Por isso, que o sujeito se dirige ao Outro como mestre, para produzir o saber que lhe falta. O mestre é, assim, uma invenção da histeria. Do lado do Outro, tal mestria é exercida, hoje, através de significantes que garantem a transmissão do saber científico. Ocorre que saber científico não é sinônimo de atividade de pesquisa pura. O capitalismo patrocina a ciência, de forma a que ela seja a responsável, respeitada, pela produção dos objetos que vão comandar um sujeito sem divisão, sem inconsciente.

A "covardia moral" é o efeito, no sujeito, da supressão do gozo. O que se recolhe na depressão, enquanto demissão subjetiva, é a base desde a qual se poderá entender os motivos pelos quais o sujeito fala de si, através da medicação. Os efeitos do remédio fazem parte dele. É isto que ele sente. E o incrível é que o sujeito se avalia sempre como estando de acordo, ou em *deficit*, em relação aos efeitos da medicação. A "covardia moral" encontra, na supressão do gozo, a base de sua constituição como afeto da depressão. Ainda que não haja nenhum tipo de insistência para a particularidade, o sujeito vai dizer a sua questão, através dos nomes e efeitos das medicações, pelo discurso do Outro. O problema do qual o sujeito não é capaz de se dar conta é que quanto mais ele fala a língua científica do Outro, mais ele se distancia da questão que o causa, como causa de seu desejo. Neste sentido, o agenciamento pela ciência produz um tipo de separação, na qual a fala não toca mais a verdade, e a verdade não faz mais a razão se alterar.

Medicação e medicalização do sujeito

Insisto sobre o fato de que admitimos, com muita naturalidade, na experiência psicanalítica, que o sujeito deprimido se apresente associado à medicação. Este é um ponto sobre o qual vale a pena nos estendermos um pouco. Afinal de contas, por que se considera tão natural que quem se diz deprimido tenha de ser medicado? De saída, há objeções triviais que desviam a discussão. Mas enfim, argumenta-se: "não se pode querer que a Psicanálise trate de tudo"; ou então: "é preciso não ser onipotente e aceitar que não se pode fazer tudo pelo paciente". Pois bem, não é neste nível que introduzo a questão.

O que me parece fundamental é pesquisar a causa da aceitação, sem interrogação, do sujeito deprimido se apresentar associado à medicação. Uma vez que se aceita esta condição como natural, deixa-se inteiramente de considerar que a medicação, assim incluída, participa do apagamento do sujeito. Qual apagamento? Aquele mesmo que permite ao sujeito silenciar o sentido do sintoma. Como? Sendo, a partir de então, um afeto. O sujeito deprimido é seu afeto. Ele não mantém mais ligação com o significante. Ele não quer mais saber de nada, só quer saber de silenciar, só quer que o incômodo passe. É disto que o sujeito quer saber. Quer que o sofrimento passe, sem saber. Por isso, acolher tão naturalmente a associação da presença do sujeito deprimido à medicação, implica, a nosso ver, o assentimento à foraclusão parcial do sujeito.

Pelo que foi exposto antes, pode-se admitir que a medicação não é apenas um ato médico isolado. Ela participa, como medicalização, do silenciamento do sujeito no laço social, posto que, no laço social, uma das formas de participar é a de se apresentar como deprimido, associado ao ser. O que há de inédito nisto é o fato de que ninguém inclui sua condição de canceroso, por exemplo, para se apresentar ao outro. O sujeito, pela depressão, adquire um lugar junto ao Outro da ciência, Outro este, que participa da regulação de nossa atualidade. O problema desse lugar é o de que o sujeito é, não só falado pelo Outro, ele também é nomeado em seu ser. É isto que o discurso da ciência determina. O sujeito não está mais entre, não é mais evanescente. O sujeito é, agora, nomeado no ser. A nomeação agora, na era da ciência, é pelo tipo de gozo. Por isso mesmo, a medicação cumpre, de seu lado, uma função significante. Ela promove, no sujeito, um efeito de fala. Nem que seja para dizer que não sentiu nada. A medicação como significante refere-se à condição de o sujeito se dizer a partir dela. Enquanto significante esvaziado de gozo, a medicação foraclui o sujeito, ao deixar inteiramente de lado a implicação subjetiva de quem fala.

Se há, por um lado, medicalização do sujeito como efeito da foraclusão do gozo, por outro, haveremos de considerar que esse silenciamento, essa desaparição, retornam. E retornam exatamente de uma forma na qual o sujeito, a princípio, não tem como se implicar subjetivamente. Por isso mesmo, o fato de que se tenha conseguido não estar mais da mesma maneira depois de tomar a medicação, não é sinônimo de se sentir bem. E ainda, o fato de que se necessite de medicação, em alguns desses casos, não exime da culpa. Desde aqui, pode-se situar porque existem em alguns sujeitos deprimidos fenômenos semelhantes aos da psicose, sem que os sujeitos sejam psicóticos. Ao retornar pelo Real, a culpa retorna sob a forma de vozes. Ela retorna no Real da ciência, ou seja, lá onde a voz não pode ser escutada. Porque se pudesse ser escutada, poder-se-ia reconhecer um tipo de retorno, para o sujeito, de uma questão da qual ele se demitiu em seu desejo. A partir de então, surge uma Outra possibilidade de abordagem, psicanalítica, centrada no dar lugar à voz, que se distingue do silenciamento e da medicalização do sujeito.

Ouvindo o Prozac

De tal forma me interessa colocar à prova o que está sendo articulado, que vou utilizar dois exemplos clínicos dados pelo Dr. Peter Kramer, no livro *Ouvindo o Prozac* — uma abordagem profunda e esclarecedora sobre a pílula da felicidade, de maneira a estender a elaboração. Nas palavras do autor:

> No final de 1988, menos de um ano após o lançamento da droga antidepressiva Prozac, tive a oportunidade de tratar de um arquiteto que sofria de uma prolongada crise de melancolia. Sam era um sujeito fascinante, espirituoso, inclinado ao sarcasmo, que se orgulhava de seu estilo em questões sexuais. Era de ascendência austríaca, cultivava maneiras não conformistas, insubordinadas, e não teria se envergonhado de ser chamado de "roué". Um conflito básico em seu casamento era o interesse em vídeos pornográficos. Fazia questão que sua mulher assistisse a filmes de sexo explícito em sua companhia, apesar da aversão dela, o que ele atribuía a inibição ou acanhamento... Agora, quero focalizar um único detalhe que desconcertava Sam: embora continuasse gostando de sexo como gostara, já não sentia mais nenhum interesse em pornografia. Para salvar as aparências no casamento, continuava a alugar os vídeos que antes tanto o excitavam, mas achava penoso assisti-los. Pessoalmente, Sam estava convencido de que seu interesse em pornografia não passara de mera obsessão fisiológica — e a droga concordava com as críticas de sua mulher.

No segundo caso clínico que nos conta o Dr. P. Kramer, vamos encontrar as questões que ecoam a diferença sexual diante da medicação, ou seja, as das mulheres com os remédios. Conta-nos o Dr. P. Kramer que:

> ...o segundo paciente que coloquei sob o Prozac, era uma mulher normalmente retraída, reticente, cujo comportamento cauteloso a havia prejudicado no trabalho e no amor. Após um longo intervalo entre duas consultas, encontrei-a por acaso em uma livraria. Costumo hesitar quando vejo um paciente em um lugar público, por não ter certeza de como o

paciente gostaria de ser cumprimentado, e acredito que, enquanto persistisse sua depressão crônica, essa mulher teria preferido me evitar. Mas ela caminhou a passos largos em minha direção e cumprimentou-me com um entusiástico "olá". Respondi, e ela disse: — "Sabe, eu mudei o meu nome". Eu não sabia. Teria ela mudado de depressão para mania e se casado num impulso? Perguntei-me se não deveria tê-la atendido com mais freqüência. Exibia, constatei, a maneira expansiva e vivaz que trouxera tanto sucesso social a Tess. — "É verdade", continuou, "agora me chamo Sra. Prozac." Não existe nenhuma Sra. Asendin, nenhuma Sra. Pamelor. Estes remédios são absolutamente formidáveis, libertam os pacientes do jugo da depressão. Mas não inspiraram o tipo de entusiasmo e lealdade que os pacientes demonstraram pelo Prozac.

Foraclusão na ciência e desejo do psicanalista

É admirável que alguém que atingiu a notoriedade com esse livro sobre o Prozac, em nenhum momento escute outra coisa além daquilo que a medicação produz. Se essa mulher se encontra nesse ritmo de euforia, isso é apenas escutado como um efeito da medicação. Aliás, é o que essa mulher está dizendo: — "Olá! veja o que consegui! Consegui deixar de ser alguém que tinha um nome e uma história, e passei a existir como Sra. Prozac. Agora não consigo mais parar!" A sua "mania" é o par correspondente de sua depressão. Em um e em outro caso o sujeito não conta em sua particularidade, tampouco em sua divisão.

No tocante ao primeiro exemplo, temos demonstrado, de uma forma acabada, o agenciamento da foralusão do gozo. O interesse em pornografia se transforma em "obsessão fisiológica". O sujeito passa à condição de corpo a ser medicado. Corpo enquanto cérebro.

Uma vez instalada a foraclusão do gozo, ou seja, uma vez constituída a crença de que há uma obsessão fisiológica pelo vídeo pornográfico, duas questões são foracluídas. Isso significa que haverá duas causas do sujeito que serão abolidas para fora do campo de elaboração. A primeira se refere a poder se interrogar pela causa do desejo, que está em causa na exigência do vídeo pornográfico. Aqui se pode introduzir uma questão ética, porque se trata de poder permitir que o sujeito possa se interrogar, caso decida, pela causa de seu desejo. E essa elaboração é construída, uma vez que, se interrogando pelos impasses com o objeto de desejo, ele possa decidir por uma escolha que tenha o desejo como causa.

A segunda causa do sujeito que é foracluída refere-se à responsabilidade do sujeito com seu sintoma. Deve-se entender que a evocação da responsabilidade ser associada ao sintoma se deve à condição de que é pelo sintoma que o sujeito se apresenta ao Outro. Sendo assim, apresentar-se como deprimido, aceitar e aplicar em si mesmo o diagnóstico de depressão implica que o sujeito se apresente sem qualquer responsabilidade sobre o que o causa. Seu nome agora é depressão. A foraclusão da responsabilidade sobre o sintoma implica que o sintoma se torne avesso à elaboração. Desde aqui, podem-se recolher os efeitos maiores para o retardamento de decidir por uma análise.

Ao que parece, o problema que a depressão introduz se constitui na referência de três elementos. O primeiro se refere à necessidade de distinguir síndrome e transtorno do humor, de posição no fantasma. O segundo diz respeito à condição de situar a depressão, pelo discurso da ciência. O terceiro é aquele que promove a possibilidade de que haja a construção particular de uma saída para o sujeito na posição depressiva.

O problema que subsiste, no entanto, diz respeito à questão da identificação na posição depressiva. Por que ele subsiste? Porque é preciso que se considere que esta questão merece um outro tipo de elaboração. A questão não é apenas repetir a falência da metáfora paterna. Tampouco assimilar tudo na conta de uma época sem valores, de uma geração de perdidos. O que se encontra em causa é a possibilidade de situar a identificação pelos significantes da ciência.

Como se sabe, nem toda questão de um sujeito se articula pelo significante. É neste sentido que a economia de gozo ganha lugar. Isto porque, se o sujeito se coloca no lugar de ser deprimido, é porque é nesse lugar que ele se esquiva da castração. Tudo o que acontece é por causa da depressão. Tem razão a Sra. Prozac! O sujeito muda de nome. Agora ele é esse assujeitamento ao que vem do Outro da ciência. Sim, o sujeito realmente mudou. Ele não é mais sujeito do significante, dividido por ele. Agora ele é um objeto do Outro, ele compõe o gozo do Outro pelo apagamento de seu ser de gozo e de sujeito do desejo. O sujeito passa a ser a encarnação da língua científica do Outro. Não é à toa a existência de uma Sra. Prozac.

Se a identificação resta como um problema, é mesmo porque, ainda que seja necessário considerar, hoje, a identificação pelo discurso da ciência, é verdade também que essas identificações claudicam severamente. Sendo assim, fica a questão de saber se a maneira pela qual o desejo do psicanalista participa da ciência permite ou não o tratamento dos fracassos e da covardia.

Mauro Mendes Dias

REFERÊNCIAS BIBLIOGRÁFICAS

BALADIER, C. "Masoquismo e Sadismo" em *Dicionário Enciclopédico de Psicanálise*. Pierre Kaufmann (org.); Maria Luiza Borges e Vera Ribeiro (trads.). Rio de Janeiro, Jorge Zahar, 1996.

DIAS, Mauro Mendes. "Transferência e desejo do analista no tratamento da posição depressiva". *Literal 6*, Revista da Escola de Psicanálise de Campinas, 2003.

_____. "Neuroses e depressão". *Cadernos do Seminário*. Campinas: IPCAMP – Instituto de Psiquiatria de Campinas, 2003.

FREUD, Sigmund. *A interpretação dos sonhos*, em *Obras psicológicas completas* (SB), v. V, parte II. Rio de Janeiro, Imago, 1987.

_____. *Três ensaios sobre a sexualidade*, em *Obras psicológicas completas* (SB), v. VII. Rio de Janeiro, Imago, 1987.

_____. *Análise de uma fobia em um menino de cinco anos* (O caso do pequeno Hans), em *Obras psicológicas completas* (SB), v. X. Rio de Janeiro, Imago, 1988.

_____. *Leonardo da Vinci e uma lembrança de sua infância*, em *Obras psicológicas completas* (SB), v. XI. Rio de Janeiro, Imago, 1987; *Leonardo da Vinci e uma lembrança de sua infância*. Rio de Janeiro, Imago, 1997.

LACAN, Jacques. "Formulações sobre a causalidade psíquica". *Escritos*. Rio de Janeiro, Jorge Zahar, 1998.

_____. "Kant com Sade". *Escritos*. Rio de Janeiro, Jorge Zahar, 1998.

_____. "De uma questão preliminar a todo tratamento possível da psicose". *Escritos*. Vera Ribeiro (trad.). Rio de Janeiro, Jorge Zahar, 1998.

_____."A relação de objeto", *O Seminário,* livro IV. Rio de Janeiro, Jorge Zahar, 1995.

_____."A identificação". Seminário IX (1961-1962), inédito (documento interno da A.F.I.).

_____."A angústia" Seminário X (1962-1963), inédito; "L'angoisse", *Le Séminaire, Livre X.* Paris, Seuil, 2004.

_____."O avesso da psicanálise", *O Seminário,* livro XVII (1969-1970). Ari Roitman (trad.). Rio de Janeiro, Jorge Zaha, 1992.

_____."Os quatro conceitos fundamentais da psicanálise", *O Seminário,* livro XI (1963-1964). M.D. Magno (trad.). Rio de Janeiro, Jorge Zahar, 1985.

LAURENT, Éric. "A luta da psicanálise contra a depressão e o tédio", *A dor de existir.* Rio de Janeiro, Kalimeros-E.B.P/Editora Contra-Capa, 1997.

LEGUIL, François. "Demanda e desejo na clínica dos sonhos". *Opção Lacaniana,* Revista Internacional Brasileira de Psicanálise. São Paulo, Edições Eólia, ano I, n. 7 e 8, 1993.

KRAMER, Peter D. *Ouvindo o Prozac.* Uma abordagem profunda e esclarecedora sobre "A pílula da felicidade". Rio de Janeiro, Record, 1994.

TRIANADAFILLIDIS, a posição depressiva. em *Dicionário Enciclopédico de Psicanálise.* Pierre Kaufmann (org.); Maria Luiza Borges e Vera Ribeiro (trads.). Rio de Janeiro, Jorge Zahar, 1996.

O PIOR DA CIÊNCIA:
UM MÁRTIR DO NOME*

Vou retomar, hoje, um conjunto de elaborações sobre o terrorista chamado Unabomber. Parto do princípio de que o terrorismo se situa conectado ao lugar conferido à guerra. Significa afirmar, por exemplo, que o terrorismo é "a configuração moderna da guerra deliberadamente travada contra civis, com o propósito de apoiar líderes ou políticas que os agentes dessa violência consideram inaceitáveis". A condição para incluir o terrorismo na configuração moderna da guerra, implica em realizar a revisão de uma de suas definições clássicas, realizadas por Clausewitz:

> A guerra é uma continuação da política.

Ainda que haja ligação entre guerra e política, é preciso insistir sobre a necessidade de desalojar essa relação de continuidade, porque a guerra "é a parteira de todos os progressos de nossa organização social". O que implica, segundo Braunstein, admitir que:

> A guerra é uma forma de vínculo social e, portanto, é um fato de discurso. É uma forma suprema de participação na empresa da cultura, pois confronta como nenhuma outra experiência com o limite da morte.

Ao acompanharmos o percurso do Unabomber, poderemos verificar que em sua guerra declarada ao Outro, o discurso da ciência comparece como o alvo e a causa de seus atos. O que nos permite

---
*) Artigo incluído na Biblioteca da Universidade de Michigan, EUA.

interrogar se não é no ápice da devastação que a ciência e a paranóia participam de um gozo que lhes é comum. Com o objetivo de situar essa e outras questões, vou privilegiar a dimensão particular, desde onde poderemos insistir na via de uma Outra leitura.

Theodore John Kaczynski, nome próprio do Unabomber, encontra-se preso atualmente na prisão de segurança máxima na cidade de Florence, no estado do Colorado, EUA. Theodore John Kaczynski nasceu em Chicago, Illinois, em 22 de abril de 1942. Está hoje com 63 anos de idade. Tornou-se conhecido como o terrorista mais procurado da história americana. Desde 1978 até 3/04/1996, quando foi preso, enviou periodicamente cartas-bomba para universidades e centros de pesquisa em tecnologia. Além disso, uma de suas bombas explodiu dentro de um Boeing 727 da American Airlines, em novembro de 1979, outra foi enviada ao então presidente da United Airlines em junho de 1980, e outra a uma fábrica da Boeing Company, em junho de 1985. Daí o nome que recebeu pelo FBI: UN, de Universidade; A, de aviões, e BOMBER, de bombardeador.

Em termos da história pessoal, alguns momentos merecem atenção. Detenho-me principalmente nos dados que o próprio Kaczynski destacou como significativos para sua vida. Essas informações foram obtidas de diferentes fontes. A mais extensa delas é a Avaliação Forense, realizada por meio de um conjunto de entrevistas pela Dra. Sally Johnson[1]. A Dra. S. Johnson foi a responsável pelo laudo psiquiátrico solicitado pelo Juiz Garland Burrel, o qual determinou o estudo e o exame de Theodore John Kaczynski, de forma a decidir se o acusado possuía competência mental para se defender no Tribunal. Isto porque Theodore John Kaczynski havia solicitado à Corte de Montana poder realizar, ele mesmo, sua própria defesa.

Segundo o depoimento da mãe de Kaczynski[2], ela chegou a considerá-lo como autista até os três anos de idade. Ele manifestava medo de prédios e de pessoas. Chegou a integrar, por um curto período de tempo, um programa do psicanalista Bruno Bettelheim para crianças autistas, tendo sido considerada desnecessária a sua permanência,

---

1) Laudo psiquiátrico de T.J.K. pela Dra. Sally Johnson: http://abcnews.go.com/sections/living/InYourHead/kaczynskievaluation.html
2) Idem.

após uma avaliação mais criteriosa. Foi educado segundo as orientações prescritas no livro do Dr. John Spock, que se notabilizou nesse período, com um método educacional aplicado em vários países. Praticamente não existem maiores informações sobre o pai de Kaczynski. Seu falecimento se deu no dia 2/02/1990, em função de suicídio. Sofria de dores intensas devido a um câncer na medula espinhal. Kaczynski tem um irmão sete anos mais novo do que ele, que se chama David.

Devido à sua dedicação aos estudos, aliada à capacidade intelectual, Kaczynski passou diretamente da quinta para a sétima série, e da nona para a décima primeira. Mais tarde, ele irá se referir a esse período como marcado por um acentuado isolamento, em virtude de ser o mais novo das turmas. Entrou na Universidade de Harvard, com 16 anos, no curso de Matemática. No último ano da Faculdade participou de um experimento do psicólogo Henry Murray, que tinha como objetivo testar estudantes em situações de *stress*. Tais testes, proibidos posteriormente devido ao abuso de violência e fadiga aplicados aos candidatos[3], assumiram um papel decisivo em sua vida. Reencontra-se aqui com o lugar anteriormente ocupado no desejo da mãe: antes objeto de um livro, agora objeto de um teste.

Confirma-se o agenciamento por um Outro desprovido do pacto que regula a palavra entre os homens. Passagem que evoca o Outro da ciência, na medida em que a foraclusão do sujeito se escreve como condição da eficácia que se pretende conquistar. Insisto na relevância desta passagem, lembrada em diferentes momentos por Kaczynski, uma vez que o princípio da revolução pregada por ele é a eliminação, de uma única vez, em escala mundial, da ciência e da tecnologia.

Theodore John Kaczynski cursou a pós-graduação, mestrado e doutorado em Matemática, na Universidade de Michigan. Especializou-se em Topologia e Teoria dos Conjuntos. Trabalhou, convidado como professor-assistente, no Departamento de Matemática na Universidade da Califórnia, em Berkeley, de setembro de 1967 até junho de 1969. No último ano do doutorado ele descreve um pesadelo, segundo ele, "do tipo revelador":

---

3) CHASE, Alston. "Harvard and the making of the Unabomber". *The Atlantic Monthly*, n. 285, June 2000, pp. 41-65 <http://www.theatlantic.com/issues/2000/06/chase.htm>. Artigo transformado pelo autor no livro: *Harvard and the Unabomber: the education of an american terrorist*. New York (NY), W.W. Norton & Company, 2003.

Via seu professor de trombone em pé em seu quarto parecendo um senhor nobre idoso. Aí ele viu uma neblina e ouviu anjos, e quando a neblina clareou, o professor havia se transformado num destroço velho, senil e torto.[4]

No verão desse mesmo ano ocorre um episódio decisivo. Ele descreve um período de várias semanas em que estava sexualmente excitado quase que o tempo todo, e fantasiava que era uma mulher incapaz de obter qualquer alívio sexual. Decidiu fazer um esforço para conseguir uma cirurgia de mudança de sexo. Quando retornou à Universidade de Michigan, marcou uma hora para ser examinado por um psiquiatra, de maneira a determinar se a mudança de sexo seria boa para ele. Alegava que, com um certo desempenho teatral, conseguiria trapacear o psiquiatra e fazê-lo pensar que ele era adequado para um papel feminino, ainda que por motivos exclusivamente eróticos. Enquanto estava sentado na sala de espera do médico, mudou radicalmente de idéia quanto à cirurgia, e assim, quando viu o médico, disse apenas que estava deprimido com a possibilidade de ter que se alistar no Exército. E continua:

> Enquanto eu caminhava para longe do prédio, senti-me enojado em relação àquilo que meus desejos sexuais incontrolados quase me levaram a fazer. Senti-me humilhado e odiei violentamente o psiquiatra. Precisamente nesse ponto, aconteceu um momento decisivo da minha vida: como uma fênix, explodi das cinzas de meu desespero para uma gloriosa esperança nova. Pensei que queria matar o psiquiatra, porque o futuro parecia totalmente vazio para mim. Senti que não me importava em morrer. Portanto, disse a mim mesmo, porque não matar o psiquiatra e qualquer pessoa que eu detestasse? O que importa não são as palavras que passaram pela minha cabeça, mas a maneira como me senti por causa delas. O que era inteiramente novo era o fato de que eu senti que poderia matar alguém. Minha própria falta de esperança tinha me libertado, e eu não me preocupava mais com a morte.[5]

Vou destacar como relevante neste momento, a emergência de uma operação inédita. Ao mesmo tempo em que desaparece a presença do desejo de se transformar em mulher, surge o desejo de

---
4) Laudo psiquiátrico de T.J.K. pela Dra. Sally Johnson: http://abcnews.go.com/sections/living/InYourHead/kaczynskievaluation.html
5) Idem.

matar. Não há qualquer evocação, traço ou interrogação sobre o desejo de se transexualizar. O que surge agora, é o desaparecimento da preocupação com a morte. Não se pode falar, nesses termos, de uma substituição simbólica. O que se trata aqui, é da realização de uma condição segundo a qual o sujeito responde pelo desejo de matar, face à impossibilidade de sustentar o que primeiramente compareceu como signo de seu desejo. Trata-se, portanto, da instalação da morte do Outro, sua retirada de cena, para o sujeito. Condição que se efetiva pela morte do desejo, introduzindo, desde então, morte no lugar de desejo. Por isso mesmo, é preciso estar atento para uma questão que comparece realizada. Já que em seu caso, não se trata de considerar o ódio tão-somente como um afeto, mas sim, como algo que engendra um ato, ou seja, o ódio se realiza pelo ato de matar. Há, desde então, necessidade de implicar a passagem ao ato como estando associada ao ódio.

O que a economia do desejo nos mostra, tal como passa a vigorar para Kaczynski, é uma impossibilidade da ação do significante em seu caráter simbólico, ou seja, de produzir significações diferenciadas.

A primeira vez que abordei o caso do Unabomber, realizei a apresentação sob o título de "Uma escrita explosiva".[6] Dois elementos se destacavam como significativos para essa escolha. O primeiro se refere às cartas, como cartas-bomba. Nesses termos, interessava-me depurar o estatuto da escrita nas cartas que explodem. O segundo fator se articula diretamente com tudo o que diz respeito a T.J. Kaczynski. Nele, tudo passa pela escrita. Por exemplo, ele nunca deu um telefonema de ameaça. Na mata situada próxima à cabana onde morava em Lincoln, estado de Montana, foram encontradas mais de 22.000 folhas escritas à mão.

Vou começar alertando para o fato de que a condição que a carta bomba introduz é bastante paradoxal. Em primeiro lugar, a mensagem dirigida ao Outro não se sustenta pelo que segue escrito. Tanto é assim, que só se tem acesso ao texto escrito, caso a carta não venha

---

6) DIAS, Mauro M. "Uma escrita explosiva", apresentação sobre o Unabomber, realizada nos encontros preparatórios para a Jornada "Letra e Escrita na Clínica Psicanalítica", na Escola de Psicanálise de Campinas, 2002.

a explodir. Isso não retira em nada o valor de mensagem presente na carta, desde que se considere que o valor de uma carta não se localiza no conteúdo da mensagem escrita, mas, sim, como ensinou Lacan, que a carta, como letra, escreve uma nova posição para os sujeitos em cena. Nesses termos, qual a mensagem que o Unabomber faz constar pelas cartas-bomba? Trata-se da escrita de um buraco no Outro, sua explosão, condição a partir da qual o sujeito pode ter um lugar junto a ele, esburacando-o. Uma mensagem explosiva, dirigida a um Outro, desde cedo constituído pela explosão do lugar do sujeito.

A escrita das cartas-bomba vai nos remeter, mais adiante, à forma pela qual se nodula, para esse sujeito, a relação do simbólico com o real, do significante com a letra. Onde poderemos apreender isso para um sujeito? A referência ao ensinamento de Jacques Lacan será de fundamental importância, de forma a permitir indicar que a articulação do significante com a letra, a partir da identificação ao traço unário na constituição do sujeito humano, introduz uma consideração diferenciada na psicose. Tal diferenciação, pelo mecanismo da foraclusão, é o que nos leva a ter de admitir, numa releitura da *Carta 52* de Freud, que no caso da psicose há uma impossibilidade de passar do estado de percebido para o de representado. Nos termos da *Carta 52*, segundo a leitura de Solal Rabinovitch:

> os traços mnêmicos do percebido pré-histórico permanecem em estado de percebido real, não passado ao estado de representado; eles residem indefinidamente no sistema percepção-consciência, em que tudo se experimenta, com a condição de não se inscrever.[7]

Segundo o que foi indicado, podemos situar o motivo pelo qual o desejo de se transexualizar não possui outro destino que não seja o de permanecer indefinidamente sob a impossibilidade de ser representado, ou seja, não passível de ser elaborado. Em relação às cartas-bomba, a escrita explosiva é a forma pela qual esse sujeito se faz constar ao Outro, segundo uma modalidade que lhe escapa, enquanto passível de ser representado. A carta-bomba é o que o

---

7) RABINOVITCH, Solal. *A foraclusão: Presos do lado de fora*. Lucy Magalhães (trad.). Rio de Janeiro, Jorge Zahar, 2001, p. 70.

religa ao Outro. Por meio dela, ele se faz presente, ocupa um lugar, recebe um nome, é procurado, enfim, reconhecido.

Depois de passados muitos anos, de algumas mortes e buscas infrutíferas por parte do FBI, o próprio Unabomber propôs uma trégua. Sua proposta consistiu em interromper o envio de cartas-bomba, caso publicassem, na íntegra, o seu Manifesto. Em 19/09/ 1995, os jornais *Washington Post* e *New York Times* publicaram, numa edição especial, a versão integral do Manifesto, que é o texto em que o Unabomber realiza a análise da sociedade atual, ao lado de propor, como solução, a derrubada da ciência e da tecnologia.

Vale notar que passados menos de sete meses após a publicação do Manifesto, o Unabomber foi preso. Seu irmão, David, após a leitura nos jornais, e alertado pela suspeita de sua mulher, reencontrou no texto duas expressões que T.J. Kaczynski utilizava com freqüência em suas correspondências. Uma delas era escrita em latim, *logista serena*, lógica fria, sempre utilizada por ele quando se referia à ciência. Na outra, tratava-se da inversão de uma frase das peças de Shakespeare, modificada com freqüência por sua mãe. David as comunicou ao FBI, e fez um acordo para entregar o irmão, desde que fosse suspensa a pena de morte. T.J. Kaczynski negou a autoria do Manifesto, o que levou a acusação a ter de provar que ele era culpado.

Do lado da acusação, foi contratado o professor Don Foster,[8] autor do livro: *Author unknown (Autor desconhecido)*, que havia se tornado conhecido por suas pesquisas em Shakespeare, tendo conseguido demonstrar que alguns textos anônimos, eram na verdade da autoria do teatrólogo inglês. Do lado da defesa, foi contratada a lingüista Dra. Robin Lakoff, da Universidade de Berkeley.

A Dra. Robin Lakoff procurou mostrar que as palavras repetidas, ainda que vez ou outra fossem encontradas nos escritos de T.J.K., devido à freqüência com que se repetiam, não poderiam ser declaradas como sendo da autoria de Kaczynski. Ou seja, a baixa freqüência não permitia inscrever uma marca de particularidade. Portanto, a orientação da Dra. Robin Lakoff era decididamente simbólica, na

---

8) FOSTER, Donald W. *Author unknown: On the trail of anonymous*. Nova York, Henry Holt & Co., 2000.

medida em que ela procurava sustentar que determinadas palavras, mediante sua incidência, podiam qualificar a presença de sujeito da enunciação.

O professor Don Foster tomou um caminho inteiramente diferente. Para situar seu método, que nos permitirá esclarecer quanto ao sentido que se deve aplicar ao retorno na foraclusão, tenho recordado que o Unabomber, que pregava e praticava uma vida inteiramente ligada à Natureza, era profundamente interessado na história do navio transatlântico *Titanic*.

A primeira vítima do Unabomber foi um professor do Instituto Politécnico de Engenharia de Nova York, chamado Edward John Smith. A primeira carta-bomba foi enviada em maio de 1978. Ocorre que, em 1912, 66 anos antes, um imprudente Edward John Smith, capitão do *Titanic*, conduziu aquela exibição da moderna tecnologia contra um *iceberg*. O Unabomber selou essa primeira carta, enviada ao professor Edward John Smith, com os selos de Eugene O'Neil, que por sua vez, havia escrito uma peça célebre intitulada: *The iceman*. Para o professor Don Foster, a mensagem da carta era possível de ser decifrada. Segundo ele: "aqueles selos eram uma típica piada sinistra, uma alusão literária, um aviso a todos os Edward John Smith: Cuidado, o homem do gelo vem aí, para derrubá-los, afundar sua sociedade tecnológica".[9]

O que é notável na elaboração do professor Don Foster, é o fato de que ele vai permitir situar que o elemento a ser notado como capaz de identificar o Unabomber prescinde do encadeamento simbólico. Nesses termos, o que passa a interessar é o que retorna, desde Outro lugar, e que num primeiro momento não pode ser integrado pelo sujeito. E o que não pode ser assimilado pelo Unabomber, o que retorna desde fora para ele? Encontramo-nos aqui com esse desenlaçamento que o nome próprio possui em seu caso. Ou seja, com esse nome que não cumpre o seu destino, no caso, Edward John Smith. O destino que não é cumprido é aquele mesmo de sustentar uma ligação entre dois pontos, entre dois significantes. O que Edward John Smith faz retornar, é a falta de comando, pelo significante.

---

9) FOSTER, D.W. *Author unknown*, op. cit., p. 98.

Por que o Unabomber envia uma carta-bomba? Resta a pergunta. Não podemos nos esquecer de que essa foi a primeira carta. Ela inaugura a série das cartas-bomba. E ele a envia, pois é desde esse nome, Edward John Smith, que ele reencontra, no Outro, sua própria ausência de sustentação. Portanto, enviar a carta-bomba para Edward John Smith, implica uma tentativa de fazer suplência à falta de sustentação, através da identificação ao *iceberg*. O que o Unabomber tenta fazer explodir com essa carta, é a sua própria condição, identificando-se, a partir de agora, ao *iceberg*. Ele envia essa carta para fazer da potência do *iceberg*, uma forma de ligação ao nome de Edward John Smith. Trata-se de explodir o nome que não cumpre o seu destino, para ligá-lo agora, pela explosão, ao *iceberg*. Ou seja, uma operação em que ele procura fazer o comando pelo *iceberg*, explodindo a precedência pelo nome próprio. O fracasso dessa tentativa se faz notar pelo fato de que, nesses termos, sem se dar conta, ele desaparece sob o *iceberg*. Passa a ser tomado novamente por esse Outro completo, que não deixa lugar para o sujeito, agora nomeado como *iceberg*. Em nome de conquistar um lugar, ele reafirma sua exclusão. Não deve ser à toa, portanto, que no único conto publicado de sua autoria, numa revista de anarquistas na internet, sob o título de *O navio dos loucos*,[10] uma tripulação inteira vá se chocar contra um *iceberg*, vendo se desfazer, assim, qualquer possibilidade de que suas solicitações ao Comandante do navio encontrassem lugar.

O que me levou a intitular esta articulação sobre o Unabomber de "O mártir do nome", se deve, em primeiro lugar, ao fato de que T.J. Kaczynski faz questão de não ser identificado ao Unabomber. Aliás, na primeira carta que ele enviou para a pesquisadora Lucy Petroucic, respondendo à minha solicitação de uma entrevista, por carta, desde a prisão, ele faz questão de lembrá-la de que ela se dirige a ele marcada por um equívoco, qual seja, o de supor que ele seria o Unabomber. Isso ainda que, nessa mesma carta, e curiosamente, ele nos tenha oferecido, sem lhe ter sido solicitado, correções ao texto publicado do Manifesto, no *Washington Post*. Evidentemente que uma tal posição tende a parecer, numa primeira apreciação, como sendo

---

10) Site: www.snigglenet/ludd.php

de um total absurdo. Contudo, aí se encontrar a especificidade de uma posição bem construída.

Caso ele se reconhecesse como o Unabomber, isso implicaria responder por um lugar que o responsabilizaria segundo as injunções simbólicas do Outro, ou seja, comprometendo-o numa condição que lhe escapa inteiramente. Por isso mesmo, quando seus advogados insistiram para que ele se admitisse como sendo o Unabomber, tentou suicídio em seguida. Uma vez que ele admitiu ser o autor de algumas das cartas, mas não todas, a condição de mártir do nome é o que, por um lado, lhe permite conquistar a posição de autor, ao mesmo tempo em que não encontra aí um lugar de sustentação, de forma decisiva. Contudo, o que me parece mais significativo, é a função que cumpre para ele, enquanto Theodore John Kaczynski, o nome de Unabomber. É desde o Unabomber que ele pode sustentar Theodore John Kaczynski, de uma forma inédita. Isso porque Unabomber é um nome composto, ou seja, é um nome enlaçado. Há um enlaçamento de UN, de Universidade, com A, de avião, e BOMBER, de bombardeador. Unabomber realiza, assim, uma ligação possível entre elementos heterogêneos. Essa condição escapa a Theodore John Kaczynski, devido à modalidade de constituição do nome próprio na psicose. Nos termos apresentados nesta elaboração, Unabomber cumpre a função de suplência, como nome próprio, para Theodore John Kaczynski.

Na troca de cartas que mantivemos, uma vez que ele consentiu em responder às perguntas que lhe foram enviadas, pude notar que ele realiza sua assinatura de três maneiras diferentes. Primeiramente, escreve seu nome próprio por extenso. Depois, precedido de alguma observação trivial, ele assina Ted Kaczynski. Por último, ao final da carta, vem escrito T.J.K. Penso que seria um pouco excessivo querer encontrar aí, nessas três formas diferenciadas de assinatura, a colocação em cena de uma decantação progressiva à letra, que a suplência teria lhe permitido realizar. Mais do que isso: parece-me que se mantém, nesse tipo de escrita, uma separação entre os três termos que evocam a economia do nome próprio. Em última instância, esse tipo de sustentação introduz a possibilidade de se interrogar por uma modalidade diferenciada da existência humana.

Não deixa de fazer eco ao que foi mencionado, que o livro de cabeceira de Kaczynski tenha sido sempre o de Joseph Conrad, *O coração das trevas*. Esse livro tornou-se mais extensamente conhecido na atualidade, para além de seus méritos literários, devido à adaptação que Francis Ford Copolla fez dele para o cinema, sob o título de *Apocalipse now*. O personagem principal, Kurtz, diferentemente do filme, morre antes que o navio que foi capturá-lo chegue ao primeiro porto da civilização. Kurtz havia fundado e liderado uma comunidade que tinha se rebelado contra os próprios aliados. As últimas palavras de Kurtz, antes do primeiro porto, e que constituem sua última fala é: "O horror, o horror!". No livro, quando se descobre que Kurtz está morto, a primeira impressão é relatada da seguinte maneira:

> Fiz a curiosa descoberta de que nunca o imaginara conversando, entendem, mas discursando. Não disse para mim: "Agora nunca mais vou vê-lo", ou "Agora nunca mais vou apertar-lhe a mão", mas "Agora nunca mais vou ouvi-lo". O homem se apresentava como uma voz.[11]

O que fica para ser depurado é a dimensão da presença, como voz. Para tanto, é preciso poder reconhecer o valor de verdade em relação à ação mortífera da ciência e da tecnologia, sem o que sua presença se confunde como sendo tão-somente o depoimento de mais um doente mental. Retomando as últimas palavras de Kurtz, "o horror, o horror", é a proximidade da civilização. Nela, contamos hoje com um outro tipo de apelo, no qual se realizou uma passagem. Já não se trata mais das cartas-bomba, mas dos homens e mulheres-bomba. Poder reconhecer o que está em jogo nesse ato, implica situar-se num lugar em que o sacrifício dos corpos e a explosão do Outro, decaiam do lugar de fascinação que promovem.

Caso o psicanalista se disponha a abordar e ser abordado pela psicose, poderá tentar depurar a questão presente no parágrafo 194 do Manifesto do Unabomber.[12] Lá, ele nos afirma que a revolução

---

11) CONRAD, Joseph. *O coração das trevas*. Hamilton Trevisan (trad.). São Paulo, Global, 1984, p. 73.
12) KACZYNSKI, Theodore John. "Industrial Society and its Future" (O manifesto do Unabomber, assinando por F.C.) *The Washington Post*, 22 set. 1995: <http://www.washingtonpost.com/wp-srv/national/longterm/unabomber/manifesto.text.htm>

deve ser feita por "pessoas que estão do lado de fora". O problema com relação à psicose se refere exatamente a esse ponto em que o fora não deve ser homologado a um exterior, em contrário a um interior, situado de forma geométrica. Partindo desse princípio, reúnem-se condições para admitir que a psicose paranóica, pelo fora do simbólico que lhe é característico, introduz a possibilidade de situar a invenção como uma posição que ela é capaz de provocar, face à ausência das coordenadas pelo sentido.

Resta definir se nos encontramos em condições de distinguir a invenção, da terapêutica, referências estas que se confundem, em nome de benefícios integradores. A partir de então haverá possibilidade de separar os atos que se originam pela autorização do psicanalista daqueles que surgem referidos à garantia. Questão a ser considerada, quando se pretende aproximar a experiência daqueles que estão "presos do lado de fora" da *praxis* dos que se mantém fora pelo lado de dentro.

O atravessamento pelo que vem de fora poderá dar origem a uma experiência inédita — a invenção de uma aposta.

Mauro Mendes Dias

REFERÊNCIAS BIBLIOGRÁFICAS

BRAUNSTEIN, Néstor A. *Por el camino de Freud*. México, Siglo XXI, 2001.
CARR, Caleb. *A assustadora história do terrorismo*. Mauro Silva (trad.). Rio de Janeiro, Prestígio Editorial, 2002.
CHALIAND, Gérard. *Terrorismes et Guérillas*. Paris, Flammarion, 2001.
CHOMSKY, Noam. *11 de setembro*. Luiz Antonio Aguiar (trad.). Rio de Janeiro, Bertrand Brasil, 2002.
CHASE, Alston. "Harvard and the making of the Unabomber". *The Atlantic Monthly,* n. 285, June 2000, pp. 41-65 <http://www.theatlantic.com/issues/2000/06/chase.htm>. Artigo transformado pelo autor no livro: *Harvard and the Unabomber: the education of an american terrorist*. New York (NY), W. W. Norton & Company, 2003.
CLAUSEWITZ, Carl von. *Da guerra*. Maria Teresa Ramos (trad.). São Paulo, Martins Fontes, 1996.
CONRAD, Joseph. *O coração das trevas*. Celso M. Paciornik (trad.) São Paulo, Iluminuras, 2002.

DIAS, M.M. "Uma escrita explosiva", apresentação sobre o Unabomber, realizada nos encontros preparatórios para a jornada "Letra e escrita na Clínica Psicanalítica", na Escola de Psicanálise de Campinas, 2002.

FOSTER, Donald W. *Author unknown: On the trail of anonymous.* Nova York, Henry Holt & Co., 2000.

JOHNSON, Sally C. "Psychiatric Competency Report — Theodore John Kaczynski". Laudo psiquiátrico de Theodore John Kaczynski.

KACZYNSKI, Theodore John. "Industrial Society and its Future" (O manifesto do Unabomber, assinando por F.C.) *The Washington Post*, 22 set. 1995.

KEEGAN, John. *Uma história da guerra.* Pedro Maia Soares (trad.). São Paulo, Companhia das Letras, 1996.

LACAN, Jacques. "A agressividade em psicanálise", *Escritos.* Vera Ribeiro (trad.). Rio de Janeiro, Jorge Zahar, 1995.

_____. "As psicoses", *O Seminário*, livro III (1955-1956). Aluisio Menezes (trad.). Rio de Janeiro, Jorge Zahar, 1992.

_____."De uma questão preliminar a todo tratamento possível da psicose". *Escritos.* Vera Ribeiro (trad.). Rio de Janeiro, Jorge Zahar, 1998.

_____."O avesso da psicanálise", *O Seminário*, livro XVII (1969-1970). Ari Roitman (trad.). Rio de Janeiro, Jorge Zahar, 1992.

ROSENFIELD, Denis L. (ed.). *O terror.* Rio de Janeiro, Jorge Zahar, 2002.

RABINOVITCH, Solal. *A foraclusão: Presos do lado de fora.* Lucy Magalhães (trad.). Rio de Janeiro, Jorge Zahar, 2001.

O FASCÍNIO DO PIOR:
MODA E MERCADO DO OLHAR

O fascínio do pior não é algo que se dá a ver por sinais exteriores. Para melhor situá-lo, é preciso considerar suas diferentes emergências para um sujeito, através da aparição. A experiência de ser tomado pelo olhar é que melhor o ilustra. Neste sentido, a imagem petrificante da Medusa assume um valor exemplar. Tanto é assim que o problema não se reduz àquilo que é visto, mas, sim, à condição engendrada pelo olhar enquanto causa da petrificação. Portanto, é preciso contar com um tipo de erogeinização que se opera pelo olhar, de modo que o próprio olhar se constitui como causa do sujeito, enquanto causa de sua divisão. Nesses termos, há uma transmutação que se realiza na passagem do objeto a ser percebido para o olhar enquanto objeto.

Devemos considerar, então, a diferença existente entre a visão e o olhar. A visão é um ato ou efeito da vista. Ela se refere à maior ou menor competência do órgão da visão — o olho. É, portanto, que a visão se inclui pela funcionalidade do organismo. De outra parte, quando abordamos o olhar, estamos tratando de dar destaque ao investimento da sexualidade que o corpo biológico recebe e promove desde antes do seu nascimento. Por isso mesmo, para abordar o sujeito do desejo, tal como a Psicanálise o concebe, é preciso realizar a perda da visão. Melhor dizendo, abordar a visão através do olhar. Aliás, como um dos primeiros ensinamentos freudianos, já encontramos estabelecida, em 1888, a distinção entre as paralisias histéricas e motoras.

Desde as primeiras experiências de Freud, contamos com a presença do olhar como objeto. O método da hipnose alicerçou-se na identificação promovida pelo hipnotizador com o hipnotizado, através do olhar. Por isto mesmo, a hipnose haveria de ser abandonada, bem como a visão face a face, de maneira a privilegiar um outro tipo de relação e de discurso. Se podemos situar a presença do olhar como tão decisiva, é mesmo porque ele participa de uma Outra economia, a do objeto perdido das zonas erógenas, a partir da qual o sujeito procura reencontrar a imagem de um objeto que é suposto ter existido. O cerne desta suposição é gerador de uma tensão e de um dispêndio de energia que visa seu reencontro, ao mesmo tempo em que do objeto são guardados apenas alguns traços, sob a forma de lembranças, excedendo os acontecimentos. O notável desta economia é que o sujeito acaba por "se fazer ver" de acordo com o que ele supõe ser a condição para o reencontro. Por extensão, o sujeito se constitui assim objeto de um olhar para "o desejo no Outro".

Considerando o empenho constitutivo promovido pelo fantasma e as diferentes instrumentalizações que regulam a vida social, o fascínio do pior mantém estreita relação com o olhar enquanto causa de gozo. Daí, que passaremos a reafirmar, com Jacques Lacan, que o ser, uma vez decaído de sua referência transcendental pelo *cogito* cartesiano, passa a ser assimilado, enquanto ser de linguagem, como ser de gozo. Isto porque é apenas aos seres de linguagem que se tornam possíveis as vicissitudes do gozo que, por sua vez, se referem aos diferentes agenciamentos sobre o corpo na dialética do sujeito com o Outro, pelo fantasma. Antes ainda, a condição de ser de gozo se referencia pela perda de *das Ding*, a Coisa freudiana, a partir da qual a entrada no percurso na linguagem se sustenta.

Uma vez que o ser goza pelo olhar, isto significa que, tal como foi afirmado, não é preciso que nenhuma imagem constituída no mundo seja percebida pelos olhos como cativante para a espécie. Para tanto, contamos com exemplos significativos na história da humanidade. A começar pelo episódio bíblico da transformação do ser humano em sal, uma vez que a proibição de não olhar para trás foi desobedecida.

O olhar que rompe com a barreira do interdito é também aquele que vai promover a sanção. Isto porque, para o ser de linguagem, marcado pela castração, é impossível tudo ver, ou seja, é impossível o reencontro com o objeto que desespera o sujeito pelo que "existiu", metáfora de suas costas.

A distinção entre o olho e o olhar já havia de tal forma sido intuída pela antiguidade clássica que, nas peças do teatro grego, Tirésias comparece insistentemente como cego, condição esta que lhe permite ver além daqueles que têm olhos. Enquanto adivinho, ele é a colocação em cena da divisão entre o olho e o olhar, outro nome do mais além do visível.

Ao partir do princípio de que o fascínio do pior se define pela suspensão da divisão subjetiva promovida pelo olhar como causa de gozo, poderemos considerar que a questão em jogo não se encontra no campo da representação, no sentido de um referente, enquanto objeto visível e presente materialmente no mundo. Daí o valor eminente do exemplo dado por Freud, no texto sobre o *Fetichismo*. Ele nos ensina que o objeto fetiche não é o nariz, mas sim, seu brilho. Neste sentido, o que vela a castração enquanto equivalente ao fascínio do pior, é a fascinação promovida pelo brilho que paralisa o olhar. O olhar, como objeto fetiche, é o outro nome do gozo como causa da suspensão da divisão subjetiva.

A possibilidade de o fetiche conferir um valor distinto ao objeto foi denominada por Marx como valor fetichista da mercadoria. Como não se trata do objeto em si mesmo, vale lembrar que, na elaboração marxista, o valor fetiche da mercadoria é produzido pela economia de mercado capitalista, desde uma Outra cena que se chama mais-valia. Isto, por si só, nos dá uma idéia da extensão do diagnóstico que Marx realizou na economia capitalista, já que, sem o saber, ele torna solidários o valor fetichista da mercadoria e a montagem do olhar na perversão.

Quando recordamos da afirmação de Lacan, em *Radiofonia*, que "a mais-valia é a causa do desejo da qual uma economia faz seu princípio", somos levados a conectá-la com uma outra passagem, do mesmo texto, na qual ele nos diz que "a mais-valia é a causa da produção extensiva e, por conseguinte, insaciável dos objetos". Tais rememorações permitem introduzir, de saída, uma questão: — O que faz operar, desde a Psicanálise, a mais-valia como causa do desejo?

Para dar sustentação às elaborações que a pergunta promove, somos levados a admitir que a mais-valia como causa de desejo, deve ser pensada como o que compromete o sujeito no excesso de gozo, ou seja, na referência de sua total subdução a um Outro que o empenha na conquista do objeto sem interdito. Uma vez que o sujeito se mantém à procura de um objeto promovido à suposição de lhe proporcionar a satisfação esperada, ele se devota, pelo fantasma, como escravo desse Outro a quem ele confere tal poder. Portanto, ele se empenha, pelo trabalho, a manter a mais-valia como causa do desejo, produzindo cada vez mais capital, renovando incessantemente a cena de satisfação prometida.

Situar a mais-valia como causa de desejo, permite elucidar a posição do sujeito em uma "produção extensiva e insaciável dos objetos". Uma vez assim comprometido, o sujeito se encontra petrificado pela crença de que um dia, pelo trabalho, ou seja, pelo que o Outro lhe oferta como demanda, ele haverá de possuir o objeto de sua satisfação. Uma vez que esta posse lhe escapa, mediante a renovação incessante dos objetos, o sujeito nos revela o caráter de insaciabilidade que move tal discurso. Mais ainda, a cativação que é promovida pelos objetos, é a colocação em cena da instrumentalização do olhar como meio de gozo, reafirmando-se, menos pelo visível, e mais pela promessa de reencontro que o fantasma humano compartilha.

É oportuno relembrar que, para Marx, o mercado capitalista é uma estrutura. Isto significa que o mercado dá sustentação ao agenciamento dos objetos como mercadoria fetiche, ou seja, como objeto que promete mais-gozar. Como é que isto se promove, que não seja sob a forma de cada vez mais investir no olhar? O que isto significa? Significa que estamos cercados por imagens que mais prometem do que mostram, fazem ver em vez de articular um discurso dirigido. É assim que se pode comprovar a queda dos ideais regulados pelo simbólico. A questão do sujeito não é mais articulada pelo sentido. Trata-se agora de objetos, objetos de gozo que cativam pelo olhar, uma vez que o promovem como objeto. O valor fetiche da mercadoria se recolhe no fato de que as operações de compra e venda, enquanto constitutivas do mercado, só se sustentam porque a compra e a venda são estruturadas pelo objeto olhar, ou seja, transformando a mercadoria em fetiche. Tal é a instrumentalização perversa do mercado, pelo olhar. Ela realiza a promessa de gozo pela mais-valia. O sujeito haverá de restar como eliminado da cena, posto que o que passa a vigorar é o império do objeto olhar, sua disseminação extensiva. O fato de que o olhar é capaz de se transmutar, permite entender sua presença originária na psicose. Para este sujeito o olhar vem do Real, ou seja, não há mediatização, o sujeito é olhado, é tomado por um olhar. Desde a psicose podemos apreender que o objeto olhar é dado primeiramente, antes de o sujeito vir ao mundo. Ele é olhado, investido como promessa de gozo no desejo do Outro.

Ao acompanharmos a história do espartilho, pela Moda, tomamos conhecimento de que esse objeto, chamado de corpete desde o século XV, adquire características que transcendem sua funcionalidade. Feito, no princípio, de barbatana de baleia, devido à força com que era apertado, ele recebeu sérias críticas a partir de 1850, principalmente devido aos danos físicos que causava. "Apesar disso", ensina a *Enciclopédia de moda*, "no final do século XIX foram produzidas as mais diferentes formas de espartilho".

Em 1947 surgiu a cinturita, que ajudava a criar as cinturas finas do New Look, de Dior. Estamos, nessa referência histórica, no período em que foram promovidos concursos para saber qual das mulheres tinha a cintura mais fina, a ser ajustada pelo espartilho. Pode-se notar que o espartilho não é um objeto criado simplesmente com a finalidade de tornar o corpo mais modelado. Ele gera também uma promessa, a da cintura mais fina que, por sua vez, é um convite à exceção, ou seja, conseguir o que nenhuma outra mulher possui. Podemos aproximar, portanto, a Moda a um discurso que promove no sujeito o mais gozar como causa de desejo.

Adota-se, com muita facilidade, a idéia de que a chamada moda fetichista é caracterizada pelos objetos que utiliza: couro preto, metal, *piercing*, etc. O que na verdade qualifica o agenciamento da Moda como capaz de gerar fascinação, velando assim a castração, não são os objetos em si mesmos, mas a cena na qual eles são montados, pela promessa que transmitem pelo olhar. Trata-se, como ensinou Freud no texto do *Fetichismo*, do brilho, e não do referente. O que importa é a promessa de ser, pela roupa. Portanto, trata-se de se fazer ver, como um imperativo. A limitação que este discurso introduz refere-se à tomada do sujeito pelas imagens, enquanto elas participam da economia do olhar como única alternativa. Nesta prática de subtração, o sujeito investe cada vez mais o próprio corpo, de forma a acentuar sua diferença, como forma de garantir mais gozo junto à mercadoria. Não é por acaso que a criação de novas zonas erógenas, pelo *piercing*, acompanhe tais objetos de consumo. A questão é que, sem o saber, o sujeito se transforma na mercadoria, modelando-se a partir de seus apelos e promessas.

Ainda que a Moda permita situar o agenciamento do olhar como meio de gozo, é importante perceber que sua complexidade não se esgota nesta indicação, porque o uso e a escolha da roupa também participam, desde sempre, da economia do fantasma, no sentido de que se encontram determinados pelo tipo de relação promovido entre o sujeito e o Outro. Para o neurótico obsessivo, por exemplo, é notório seu privilégio em escolher roupas que ressaltem seu caráter de correção e asseio, a partir do qual ele procura afastar qualquer tentação sexual. Em contrapartida, na histeria vamos encontrar uma dupla direção alternando entre vestir-se segundo o que supõe ser o que o Outro deseja, cativando seu olhar, ao lado de um embaraço completo para a escolha do vestuário, ocasião em que os signos do desejo do Outro se encontram menos evidentes.

Não nos passa desapercebido que mesmo que a roupa tenha sua incidência regulada pelo imaginário, as manifestações chamadas de compulsivas, nas quais muitas mulheres saem comprando roupa sem parar, mantém sua importância. Segundo a análise levada aqui adiante, a compulsão a comprar roupa sem parar tende a emergir no momento em que alguma experiência da perda do objeto marcou o sujeito. O que significa que houve uma alteração de sua concepção de si mesmo, de sua imagem própria. A compulsão é uma autêntica manifestação da instrumentalização pelo gozo escópico, qual seja, que o objeto seja reconquistado, prometendo ao sujeito que a perda se transforme em mais-gozar. Por extensão, podemos afirmar que a queda dos panos, enquanto decantação do imaginário, como sinônimo de quebra da aliança com o gozo do Outro, é solidária da experiência analítica.

Parte-se aqui do princípio de que a experiência psicanalítica promove a possibilidade de freqüentar uma Outra economia de gozo. Esta posição, como tão habitualmente se confunde, não é sinônimo de uma crítica das aparências e tampouco visa privilegiar qualquer tipo de roupa em detrimento de outras peças do vestuário. A experiência de uma análise permite que o sujeito transforme a fascinação, própria ao velamento, em graça, pelo olhar. A graça é enteada do humor e filha do sorriso. Ela é política. A graça fixa uma letra de gozo que permite ao significante se encadear em outra direção.

A graça não substitui o gozo da fascinação, ela o limita, fazendo humor de seus personagens, ao mesmo tempo em que faz da promessa de encontro com o objeto perdido causa para o riso. Comemora, assim, o objeto pela queda.

Penso que tenha sido nesta direção que a estilista Coco Chanel se exprimiu no tocante à criação de roupas: "A roupa é um achado que se faz para perder".

Uma vez que se efetive a possibilidade de uma Outra economia de gozo, a questão do mercado também haverá de sofrer um deslocamento. Passa-se do preço de mercado para o preço que a criação cobra do sujeito. Por ocasião dos desfiles de Nova York, na estação de 2000-2001, o estilista Helmut Lang concedeu uma entrevista para a revista *Vogue*, em que se encontra um comentário digno de nota. A entrevistadora comenta o seguinte: "De fato, na coleção Helmut Lang existem muitos básicos, mas ao mesmo tempo modelos muito luxuosos. Qual é a sua peça mais cara?". Helmut Lang responde: "Eventualmente aquelas peças que têm muito trabalho criativo associado".

A possibilidade da experiência de um Outro olhar, pela Psicanálise, interroga os tipos de organização das comunidades analíticas, já que a crítica exacerbada ao imaginário que nelas se recolhe participa da abordagem da economia do gozo, apenas através do recalque de seus impasses. Por isso mesmo, acabará por privilegiar análises sem qualquer reflexão maior sobre a Moda, por exemplo, preferindo encerrá-las no reino das frivolidades. Quanto mais se insiste nessa direção, mais se verifica um tipo de posição em que os sujeitos agem através de preceitos, outro nome dos novos imperativos de gozo. A tal ponto este fenômeno se dissemina que, à primeira vista, tende-se a concluir que o atravessamento do plano das identificações é sinônimo de extinção da libido. Contudo, a verdade de um sujeito fala lá onde ela não é esperada. Esse Outro lugar pode variar entre a necessidade facilmente identificável que se expressa em diferentes discursos, de poder viver um outro tipo de compromisso que não seja com a Psicanálise, até a falta de qualificação técnica para situar o lugar da fantasia no tratamento psicanalítico.

Diante da proliferação de sintomas obsessivos apresentados hoje por mulheres, interessa poder perguntar se este tipo de exacerbação mantém relação com a queda da diferença entre os sexos, tal como propalada na atualidade. Mais do que isso, tal obsessivação feminina parece fazer eco ao apelo promovido pela instrumentalização do olhar como causa de gozo. Sendo assim, além de poder prescindir do peso do desejo do Outro, enquanto referido ao homem, estaria acessível agora a possibilidade de também superá-lo em suas fraquezas e chatices. Nestes termos, a obsessivação das mulheres é diretamente proporcional ao apelo para que a supermulher se torne possível. Enquanto limite impossível de ser transposto, resta insistir para a conquista do objeto que assim se renova: o fascínio pela responsabilidade, outro nome do controle do desejo. Nesse momento, vale lembrar as palavras do estilista Helmut Lang, na entrevista citada:

> Aquilo que visto todos os dias sem refletir sobre o assunto afeta, com certeza, muito mais a minha imagem, do que a roupa que uso em ocasiões específicas, para as quais me visto de forma especial.

Resta saber se a inclusão do objeto olhar na economia do sintoma pode ser sustentada apenas pelas elaborações encontradas na obra de Sigmund Freud. O esclarecimento deste ponto permitirá interrogar os ideais que, em nome de preservar a descoberta freudiana, renovam a moral como meio de gozo.

Mauro Mendes Dias

REFERÊNCIAS BIBLIOGRÁFICAS

BAUDOT, François. *Moda do século*. Maria Thereza de Rezende Costa (trad.). São Paulo, Cosac & Naif, 2000.
DIAS, M.M. *Moda: divina decadência*. São Paulo, Hacker/CesPUC, 1997.
FREUD, Sigmund. "Algumas considerações para um estudo comparativo das paralisias motoras orgânicas e histéricas", *Histeria: primeiros artigos,* José Luís Meurer (trad.). Rio de Janeiro, Imago, 1998, p. 85; "Algumas considerações para um estudo comparativo das paralisias motoras orgânicas e histéricas", *Obras psicológicas completas*, v. I. José Luís Meurer (trad.). Rio de Janeiro, Imago, 1996.

KÖHLER, Carl. *História do vestuário*. Emma Von Sichart (ed.), Jefferson Luís Camargo (trad.). São Paulo, Martins Fontes, 1993.

LACAN, Jacques. *Radiofonia*. Letícia Fonseca (trad.). Recife, Centro de Estudos Freudianos do Recife, 2000; "Radiophonie", Revista *Scilicet* n. 2 e 3. Paris, Seuil, 1970; "Radiofonia", *Outros escritos*. Vera Ribeiro (trad.). Rio de Janeiro, Jorge Zahar, 2003.

_____. *Televisão*. Versão brasileira Antônio Quinet. Rio de Janeiro, Jorge Zahar, Coleção Campo Freudiano no Brasil, 1993; "Televisão", *Outros escritos*. Vera Ribeiro (trad.). Coleção Campo Freudiano no Brasil. Rio de Janeiro, Jorge Zahar, 2003.

_____. "O avesso da psicanálise", *O Seminário*, livro XVII (1969-1970). Ari Roitman (trad.). Rio de Janeiro, Jorge Zahar, 1992.

LAVER, James. *A roupa e a moda: Uma história concisa*. Glória Maria de Mello Carvalho (trad.). São Paulo, Companhia das Letras, 1999.

LIPOVETSKY, Gilles. *A era do vazio. Ensaio sobre o individualismo contemporâneo*. Miguel Serras Pereira e Ana Luisa Faria (trads.). Lisboa, Relógio d'Água, 1990.

_____. *O império do efêmero. A moda e seu destino nas sociedades modernas*. Maria Lúcia Machado (trad.). São Paulo, Companhia das Letras, 1989.

MADSEN, Axel. *Chanel*. Carlos Daudt de Oliveira (trad.). São Paulo, Martins Fontes, 1992.

MARX, Karl. *O capital*, Livro I, v. I. Reginaldo Sant'Anna (trad.). Rio de Janeiro, Bertrand Brasil, 1994.

MELO E SOUZA, Gilda. *O espírito das roupas. A moda do século XIX*. São Paulo, Companhia das Letras, 1987.

O'HARA, Georgina. *Enciclopédia da moda. De 1840 à década de 80*. Glória Maria de Mello Carvalho (trad.). São Paulo, Companhia das Letras, 1996.

QUANDO O SONHO PIORA:
SONAMBULISMO E MODERNIDADE

As primeiras referências ao sonambulismo datam do século XVIII:

Em 1787, o Marquês de Puységur magnetizou um pastor de nome Vítor, para lhe debelar dores tóraco-lombares e uma disfunção respiratória. O paciente, em vez de apresentar manifestações comuns do mesmerismo, mergulhou em estado de sono. Apesar de adormecido, falava, respondia acertadamente às perguntas, andava, cumpria ordens formuladas apenas mentalmente, e realizava outros atos indicativos de extraordinária lucidez. Assim, o Marquês de Puységur conseguiu provocar um estado suscetível de ocorrer espontaneamente em certas pessoas — o sonambulismo.

Cento e quatro anos depois, em 1891, Sigmund Freud afirma, no artigo intitulado "Hipnose", que "o problema principal que teremos de considerar é a tendência das pessoas com neurose grave, depois de se repetir a hipnose, a entrarem em hipnose espontaneamente". Nesse mesmo artigo Freud advertia para o fato de que a importância decisiva da hipnose se refere apenas em saber se o paciente ficou sonambúlico ou não, isto é, "se o estado de consciência produzido na hipnose difere nitidamente do estado habitual de modo significante, para que aquilo que ocorreu durante a hipnose esteja ausente depois de ele acordar".

De tal forma o estado de sonambulismo, como efeito da hipnose, era valorizado por Freud nessa época, que poucas linhas mais adiante ele vai indicar que "seria da maior importância para o tratamento à base de hipnose se possuíssemos um método que possibilitasse colocar qualquer pessoa em estado de sonambulismo". "Infelizmente", conclui Freud, "não há tal método".

O sonambulismo associado à hipnose encontra-se referido ao chamado período pré-psicanalítico. O que nos autoriza, face ao seu ultrapassamento pelo método da associação livre, a considerá-lo um desses elementos sobre o qual retornamos para melhor situar o procedimento que se tornou definitivo. Tal afirmação não impediu que Freud voltasse ao tema do sonambulismo vinte e cinco anos depois, em 1916, no texto "Alguns tipos de caráter encontrados no trabalho psicanalítico", Parte III: "Os arruinados pelo êxito".

Nesse momento, procura mostrar que a culpa é o fator responsável pelos fracassos que ocorrem quando um sujeito realiza seu desejo. Freud vai se deter na análise da peça de Shakespeare — "Macbeth". Estamos no quinto ato, momento em que ocorre a cena de sonambulismo.

Lady Macbeth está sendo cuidada em seu quarto por uma dama de companhia e um médico. A dama comunica ao doutor que "o sentido da visão da rainha está fechado", no entanto, ela se levanta durante o sono e profere palavras que, segundo a dama, "não ousa repetir". Nesse instante, Lady Macbeth, de pé, em estado de sonambulismo, pronuncia as seguintes palavras:

> Vai-te daqui mácula maldita. Sai. Já disse. Já é tempo de fazer. O inferno é escuro. Ih! Meu senhor, um soldado medroso? Que nos interessa que saibam? Quando reinarmos, poderosos, quem virá pedir satisfações? Mas quem seria capaz de imaginar que o velho tinha tanto sangue?

Nessa passagem ela se denuncia cúmplice do crime de Duncan, rei da Escócia, praticado por seu marido Macbeth, e idealizado por ela. Para Freud, as palavras da rainha enquanto dorme, traem sua culpa. É surpreendente a mudança de posição de Freud. Se antes ele se ressentia de não haver estado de sonambulismo para garantir a eficácia do tratamento à base de hipnose, agora, vinte e cinco anos depois, ele encontra no sonambulismo a possibilidade de indicar a presença de sujeito do inconsciente, pela culpa. Portanto, o sentido do sonambulismo se modificou para Freud. Essa mudança não se refere apenas à condição de o sonambulismo não se encontrar mais associado ao hipnotismo. Agora, o que importa destacar é que há presença de sujeito no sonambulismo.

O andar acordado de Lady Macbeth, segurando uma lamparina enquanto fala, testemunha, ainda que seus atos não sejam conscientes, a traição do sentido de suas ações. Nesse sentido, se em um primeiro momento o sonambulismo foi indicado por Freud como um estado ideal, atingido pela ação da hipnose, agora ele o faz equivaler ao sonho, desde onde é possível apreender o inconsciente. Esta condição também foi entrevista por Shakespeare ao incluir as seguintes palavras na fala do médico presente na cena: "Eis aí uma inquietação imensa da natureza: receber, por um lado, o benefício do sono, e agir como quem está acordado".

Em seu livro *Falando de Shakespeare*, a notável especialista do teatrólogo inglês, Bárbara Heliodora, reafirma o que foi indicado até então: "Sonâmbula, ela tenta limpar as mãos que se orgulhara de ter rubras, do crime que achara que um pouco d'água apagaria".

Fui levado à questão do sonambulismo através da análise de dois sujeitos que, em determinado momento, contaram ter passado em suas vidas experiências como sonâmbulos. É digno de nota que essas experiências foram lembradas no momento em que cada um deles se deparava com os impasses próprios à realização do desejo em suas vidas.

Insisto sobre a importância do momento em que tais recordações surgiram, já que revelam, diferentemente da tradição técnica que estabelece ser necessário recordar para elaborar, um sentido contrário. As lembranças surgem em uma análise, a partir do momento em que o sujeito já iniciou uma simbolização de sua posição anterior. Sendo assim, a recordação é efeito da elaboração, o que implica mudança na relação com o tempo. Posto que é desde o futuro, ou seja, desde o que comparece como tendo sido vivido, incluído em uma Outra série associativa, como totalmente novo, que se poderá ter acesso aos detalhes do passado. Portanto, é desde uma nova posição que se recorda da anterior, já que a experiência de uma análise não se baseia, tampouco insiste, em um suposto benefício centrado no papel eficiente da memória. O que leva a depreender que há uma mudança do manejo da história do sujeito na dinâmica da transferência. Ponto a partir do qual a recordação se conecta com a elaboração, produzindo um efeito de separação com a memória, em seu fundamento psicológico.

Seguindo a tradição freudiana, à partir da qual se recolhe a inclusão do sonambulismo na economia do sonho, vale lembrar um dos sonhos repertoriados por Freud na *Interpretação dos sonhos*.

Trata-se do sonho tido pelo pai que vai repousar no quarto contíguo àquele em que seu filho morto está sendo velado. O ancião que se ocupa do cadáver adormece e, ao mesmo tempo, o pai é surpreendido por uma visão atroz em seu sonho. Nele, o filho morto segura-o pelo braço e o interroga: "Pai, não vês que estou queimando?" O pai desperta com essa frase e constata que nesse mundo sonolento à sua volta, uma vela havia tombado sobre as vestes do cadáver.

Não há como deixar de se interrogar: O que desperta o pai? Principalmente quando nos lembramos da advertência freudiana de que, em Psicanálise, diferentemente da Fisiologia, o sono é efeito do sonho. Portanto, é no sonho que se situa o despertar.

O que desperta o pai? A luminosidade das chamas nas vestes do cadáver? O desejo de ter visto o filho vivo dirigindo-se a ele? O que desperta o pai é a realidade presente nessa frase. Que realidade é essa? Afinal de contas, há uma coincidência entre o que é dito no sonho e o que se passa no quarto ao lado. Reafirma-se, assim, a participação dos traços de percepção no inconsciente.

Contudo, a modalidade dessa participação não se resume a uma apreensão, de olhos fechados, da imagem das chamas. Há a constituição de uma frase, melhor dizendo, de uma censura, na qual o pai é apresentado como cego: "Pai, não vês...".

O pai não vê o que importa ser visto que não seja sob a condição do espanto. Por isso mesmo, o pai é cego para a verdade que está diante de seus olhos. Tal como Édipo, só se é pai pela reafirmação da cegueira. É, portanto, desde que esse sonho instaura um impossível, impossível de tudo ver, que para além da impotência culpada, é "a distância entre a imagem ideal do pai e o real do pai que, justamente, deve ser transmitida ao filho", ensina Jacques Lacan.

Ao nos estendermos nessa linha de elaboração, segundo a qual o sonambulismo é situado a partir dos sonhos, e não do sono em primeiro lugar, haveremos de considerar que o pai poderia ter respondido a essa realidade do sonho sem despertar. Tal é a afirmação de Lacan na sessão do dia 12 de fevereiro de 1964, no Seminário XI, quando comenta que "afinal de contas, existem as atividades sonambúlicas".

Associar o sonho do "Pai, não vês que estou queimando?" ao despertar, implica reafirmar que a presença do sujeito não é sem conseqüências, e que tampouco é capaz de isentar de responsabilidades, ainda que não houvesse despertar. Por isso mesmo, a ausência de despertar que o sonambulismo introduz, deve ser situada, em sua complexidade, a partir do conceito de "despertar", em Psicanálise. Dessa maneira, será possível mostrar que a ausência de despertar não se resume a um transtorno do sono, mas, sim, a uma posição do sujeito, a partir da qual a responsabilidade com seus atos poderá ser articulada.

Na sessão do dia 17 de maio de 1977, no *Seminário* "L'insu que sait de l'une-bévue s'aile à mourre", encontraremos uma outra referência de Lacan ao sonambulismo. Diz ele:

> É um fato que, desde o momento em que o homem dorme, ele é inconsciente com todas as suas forças, e sem nenhum inconveniente, *com exceção no caso do sonambulismo* (grifo nosso). O sonambulismo tem um inconveniente: é quando despertamos o sonâmbulo. Como ele anda pelo sótão da casa, pode acontecer que tenha vertigem. Porém, na verdade, a enfermidade mental que é o inconsciente não se desperta.

Três elementos merecem ser destacados na citação do Seminário. O primeiro se refere à inclusão do sonambulismo como exceção. O segundo é a ligação do inconveniente com o despertar. O terceiro diz respeito ao fato de que, no sonambulismo, o inconsciente não se desperta.

Acompanhando as elaborações que são desenvolvidas nesse mesmo Seminário algumas páginas adiante, poderemos associar o sonambulismo como um caso de exceção, produzindo o inconveniente de o inconsciente não despertar, à passagem em que Lacan afirma não presumir nenhum despertar nem à ciência, nem à religião. Desde a ciência que encontraremos legitimidade de maneira a conferir ao sonambulismo uma dissociação com o sonho, o inconsciente e o despertar. Portanto, é preciso poder distinguir entre a afirmação de que no sonambulismo o inconsciente não se desperta, conforme a citação do *Seminário*, e essa outra passagem, em que não é conferido nenhum despertar nem à ciência, nem à religião. A diferença entre as duas se realiza porque a ausência do despertar, no sonambulismo, permite situar a posição do sujeito que o compromete nessa exceção.

Afirmar a ausência de despertar pela ciência e pela religião, implica admitir que tanto em uma, quanto em outra, não conta a inclusão do inconsciente, tampouco a posição do sujeito diante do desejo. O que nos leva a esclarecer que o despertar, pela Psicanálise, se refere à experiência em que o sujeito encontra um limite em se manter pelas coordenadas simbólicas que o sustentam. Por isso mesmo, o sujeito haverá de ser despertado pelo sonho, desde que uma impossibilidade de sua posição se efetiva. É o que podemos recolher no sonho — "Pai, não vês que estou queimando?".

O que desperta o pai é a realidade faltosa. Que realidade é essa? É a realidade de sua cegueira, que julga ser suficiente deixar um outro homem tomar conta de seu filho morto, quando na verdade não há como se ocupar de um filho por inteiro, ainda que falecido. Não há como ser pai por inteiro, mesmo que providencie um substituto no momento em que não pode cumprir suas funções. É o sentido último desse sonho. Pai, não vês que tu és cego? Não vês que não podes colocar um outro para cuidar daquilo que tu mesmo não consegues enxergar? E é porque tu não podes admitir tua cegueira, que o sonho te desperta para te confrontar com ela, ardendo ao teu lado. O que desperta, portanto, é a impossibilidade do pai, enquanto impossibilidade da ordem simbólica que reveste sua função.

Quando Jacques Lacan afirma não conferir nenhum despertar à ciência, é porque, em seu caso, há uma rejeição, no sentido de expulsão, de foraclusão da impossibilidade. O que significa que para a ciência o sonambulismo deverá ser não somente explicado, mas que essa explicação seja sustentada sem qualquer inclusão dos elementos que introduzem a cegueira.

Segundo a Classificação Internacional de Transtornos do Sono (CIDS), o sonambulismo é definido como uma parassônia, que é um termo utilizado para referir-se às manifestações físicas durante o sono, acometendo a musculatura esquelética e/ou o sistema nervoso autônomo. O sonambulismo está classificado no grupo de distúrbios do despertar, o que significa que desde a sua fisiopatologia, considera-se que ele é uma atividade do cérebro sem a presença de sonhos e, nesse caso, ele impediria uma reorganização do sistema nervoso central, suposto de ocorrer durante o sono. Por isso, as alterações que ele provoca dariam origem a manifestações atípicas, quais sejam, condutas, durante o sono, produzidas inteiramente sob o domínio do sistema nervoso autônomo.

Como forma de ilustrar esse tipo de concepção operante nos meios científicos, vou me valer de dois casos relatados na revista norte americana *Sleep* que, por sua vez, foram também descritos pela equipe do Centro Internacional para Estudos do Sono, na Universidade de São Paulo — USP.

A primeira história clínica, publicada em 1994, é sobre um homem de 27 anos de idade que mantém atividades sexuais durante o sono com a esposa, seguida de agressão a ela e ao filho, assim como danos físicos a si mesmo. Tais atos são seguidos de amnésia completa do ocorrido.

A segunda história clínica, publicada em 1997, aborda o caso de um homem que assassinou a família durante o estado de sonambulismo. O Dr. Meir Kryger, diretor do Centro de Distúrbios do Sono, do Centro de Pesquisa do Hospital São Bonifácio, no Canadá, expressa sua preocupação quanto a casos como esse, uma vez que "o sonambulismo, enquanto desculpa para conduta criminosa, tem trazido aos tribunais grande incômodo". Principalmente hoje em dia quando, após as últimas pesquisas, "os médicos afirmam que a causa primária do sonambulismo é uma falha na estrutura cerebral que controla os estágios do sono".

Há, portanto, a criação de um novo dilema, uma vez que "os diversos tipos de defesa legal são firmemente sustentados pela evidência médica". O que significa que "as descobertas médicas atuais", continua o Dr. Meir Kryger, "sobre sonambulismo, tendem a isentar sonâmbulos por suas ações, ao afirmarem a existência de um transtorno no cérebro".

De maneira a ilustrar a extensão desse problema, abordarei agora um dos casos que ficou conhecido sob o nome de: "A defesa Twinkie". Em 27 de novembro de 1978, Dan White, ex-supervisor da Prefeitura da cidade de São Francisco, que havia se demitido recentemente de sua função, entrou na Prefeitura por uma janela do subsolo e matou o prefeito George Moscone e o supervisor Harvey Milk. A defesa contratou o Dr. Martin Blinder, que sustentou a tese de que uma ingestão acentuada de açúcar, presente no lanchinho Twinkie, havia provocado uma alteração no cérebro do acusado. Dan White foi julgado incapaz de premeditação, exigida numa condenação de assassinato, e foi condenado a seis meses de prisão.

O surpreendente nessa história é que quando Dan White foi eleito para o cargo que abandonou na Prefeitura, ele havia prometido, segundo suas próprias palavras no discurso de posse, "livrar-se de radicais, desviados sociais e incorrigíveis". O prefeito George Moscone, a quem ele assassinou, havia nomeado como assessor, em 1976, Harvey Milk, a outra vítima, que se tornou a primeira pessoa com cargo público nos Estados Unidos da América, declaradamente homossexual.

De forma a prosseguir em uma análise que permita apreender a foraclusão do sujeito do inconsciente no sonambulismo, é preciso lembrar que as classificações que dão origem a esse tipo de intervenção que retira a responsabilidade com os próprios atos, têm origem na Neurologia. Origem essa que é plena de sentido para a tradição freudiana, uma vez que através de Daniel Paul Schreber, um caso de psicose das "Cinco Psicanálises", somos advertidos da ligação do delírio com a atividade científica. Evidentemente que não se trata aqui de atribuir uma origem comprometedora à Neurologia, tampouco à eficácia de suas descobertas. Trata-se, ao contrário, de poder cultivar uma redução da inocência com as descobertas que, em nome da ciência, participam da expulsão do sujeito.

Nos dois casos de minha clínica particular que deram origem a essas elaborações, posso afirmar que em nenhum momento, depois de mais de cinco anos de experiência em curso, considerei tratar-se de casos de psicose. Ao contrário, uma das questões com a qual me deparei, vai no sentido de reconhecer um tipo de incidência da Metáfora Paterna, segundo a qual sua presença não se faz notar em termos de mobilização do desejo da mãe. Trata-se de experiências em que a criança não chega a desconhecer a presença do pai enquanto elemento diferenciante no discurso da mãe. Contudo, ao nível do pai real, ele é alguém com quem sua mãe divide sua vida, sua moradia, suas contas, mas que não promove nenhuma manifestação maior de desejo, que não sejam palavras de respeito e consideração, sempre que a ocasião tornar necessário. Tais mulheres não deixam de apresentar tendências à depressão, entendendo com isso, tanto a falta de comoção que o desejo mobiliza, quanto sua contrapartida de dedicação ilimitada aos cuidados com a vida familiar, reduzindo qualquer possibilidade Outra de deslocamento.

Desde em que o Pai não permite o despertar, entendendo a paternidade em sua dimensão simbólica e real, o sujeito será marcado pelo inconveniente, como diz Lacan, de ser despertado mecanicamente. Sendo assim, o sonambulismo se constitui como um apelo ao despertar, como um apelo para que as questões que habitam o sujeito possam encontrar uma via que lhe permita ser surpreendido de olhos abertos. Não é à toa, tampouco, a existência de toda uma mitologia que prolifera em torno dos sonâmbulos, quanto aos danos que podem ser causados caso os sujeitos sejam surpreendidos enquanto agem, dormindo, de olhos abertos. O sonambulismo introduz uma questão de grande importância na direção do tratamento para o psicanalista. Encontra-se aí um limite quanto ao apoio na função simbólica, uma vez que ela se encontra acentuadamente restringida.

Quando recordamos a ligação do discurso da ciência com o discurso da histeria, podemos reconhecer que um dos elementos comuns a essas duas posições, diz respeito à demanda que o sujeito dirige ao outro, ignorando a verdade do gozo que o causa. Por isso mesmo, ele se dirige ao Outro "à espera de que ele produza um saber que o alivie da causa de seu mal-estar". O problema dessa demanda é que ela visa, tal como na ciência, um saber que opere por meio de significantes mestres. Questão para a qual o psicanalista deverá estar advertido, de maneira a poder declinar da oferta de encontrar soluções para a vida daqueles que o procuram. Por extensão, introduz-se também uma interrogação sobre o tipo de investimento que o psicanalista cultiva em sua relação com a Psicanálise, de maneira que não compartilhe com o cientista do sonho de formalização integral do real, através do qual a cegueira, enquanto impossibilidade, deixa de existir.

Certamente que não será à base de uma recusa da formalização do saber que tais advertências poderão ser cotejadas. É preciso poder reconhecer, em primeiro lugar, uma dimensão de fascinação presente nas posições que pretendem abdicar do despertar. Mais além de supor que o sonambulismo promove uma vida de enfatuação, reconhece-se nele a instalação de uma hiper-realidade. Ela é promovida pela homogeneização que a ausência de despertar produz. Ao sonâmbulo interessa poder continuar dormindo de olhos abertos. O que significa que não há mais separação entre o sonho e o despertar. Daí, que a direção do tratamento dos sujeitos que se mantém nessa posição, convoca o psicanalista a um lugar em que ele, psicanalista, tenha atravessado o medo de que o sujeito realize atos que o comprometam.

Para tanto, será necessário ter podido abandonar, no percurso de elaboração do analista, o cultivo da compreensão, enquanto ela se constitui como um ponto de resistência, uma vez que se preste a reforçar a procrastinação do ato.

No acervo do Centro Georges Pompidou, em Paris, um artista norte-americano realizou uma instalação intitulada Sonambulismo. Ela passa praticamente desapercebida entre os visitantes. Em um canto da parede, no meio de um corredor, encontram-se dois cobertores azuis, postos um ao lado do outro, que inflam num ritmo semelhante ao da respiração. Penso que não seria excessivo depreender que o sonambulismo, enquanto uma posição que, no limite, abdica da separação que o sujeito do desejo promove, torna a vida semelhante às necessidades de sobrevivência do organismo, tal como a respiração. Por meio da Psicanálise podemos afirmar que a respiração se sustenta pelo despertar. Caso contrário não haveria motivos para encontrarmos tantos depoimentos em que os sujeitos se confessam sufocados, encobertos, sem poder respirar, sem poder despertar.

Em sua conferência intitulada "A terceira", pronunciada em Roma, em 1974, Jacques Lacan adverte para o fato de que a articulação do desejo, em Freud, se refere ao sono. Ao passo que para ele, Lacan, trata-se do desejo de despertar.

O encontro do psicanalista com o sonâmbulo está marcado pela maneira segundo a qual ele faz passar a descoberta freudiana. Sua concessão à sonolência se faz notar pelo tipo de presença no mundo, no mundo do sentido, daqueles que ele escuta. Sua inquietação, em reserva, se atualiza nos (im)passes que promove.

Mauro Mendes Dias

REFERÊNCIAS BIBLIOGRÁFICAS

DIAS, M.M. "Sonambulismo e modernidade", *Revista Literal IV*, Escola de Psicanálise de Campinas, 2001.

FREUD Sigmund. *A interpretação dos sonhos*, Obras psicológicas completas (SB), v. V, parte II. Walderedo Ismael de Oliveira (trad.). Rio de Janeiro, Imago, 1987.

_____. "Alguns tipos de caráter encontrado no trabalho psicanalítico", *A história do movimento psicanalítico*. Themira de Oliveira Brito, Paulo Henriques Britto e Christiano Monteiro Oiticica (trads.). Rio de Janeiro, Imago, 1997; "Alguns tipos de caráter encontrado no trabalho psicanalítico", *A história do movimento psicanalítico, artigos sobre metapsicologia e outros trabalhos* (1914-1916), Obras psicológicas completas (SB), v. XIV. Jayme Salomão (trad.). Rio de Janeiro, Imago, 1996, pp. 325-346.

_____. "Hipnose", *Histeria: primeiros artigos*. José Luís Meurer (trad.). Rio de Janeiro, Imago, 1998; "Hipnose", *Publicações pré-psicanalíticas e esboços inéditos* (1886-1899). Obras psicológicas completas (SB), v. I. Jayme Salomão (trad.). Rio de Janeiro, Imago, 1996.

HELIODORA, Barbara. *Falando de Shakespeare*. São Paulo, Perspectiva, 1997.

LACAN, Jacques. *A terceira*. CD Jacques Lacan.

_____. "L'insu que sait de l'une-bévue s'aile à mourre" (1976-1977). Seminário, livro XXIV. CD Jacques Lacan.

_____. "O avesso da psicanálise", *O Seminário*, livro XVII (1969-1970). Ari Roitman (trad.). Rio de Janeiro, Jorge Zahar, 1992.

_____. "Os quatro conceitos fundamentais da psicanálise", *O Seminário*, livro XI (1963-1964). M.D. Magno (trad.). Rio de Janeiro, Jorge Zahar, 1985.

RIBAS, João Carvalhal. *As fronteiras da demonologia e da Psiquiatria*. São Paulo, Edigraf, 1964.

SHAKESPEARE, William. *Macbeth*. Jean Melville (trad.). São Paulo, Martins Fontes, 2002.

SOBRE OS AUTORES

DOMINIQUE FINGERMANN, *nascida na França, formou-se em Psicologia Clínica em Montpellier e Aix en Provence. No Brasil desde 1983, deu continuidade a sua formação psicanalítica em São Paulo, na Biblioteca Freudiana Brasileira e na Escola Brasileira de Psicanálise. Em 1998, engajou-se no movimento internacional dos Fóruns do Campo Lacaniano. Hoje é Analista Membro da Escola de Psicanálise do Campo Lacaniano e atualmente Diretora da Escola de Psicanálise do Campo Lacaniano — Fórum de São Paulo. Com artigos publicados em revistas de psicanálise no Brasil e na França, tem trabalhado questões relativas à formação do psicanalista, e desenvolve pesquisa sobre o problema da identificação.*

MAURO MENDES DIAS, *natural do Rio de Janeiro, reside na cidade de Campinas desde 1990. É membro fundador da Escola de Psicanálise de Campinas, onde coordena um grupo de trabalho sobre as psicoses na obra de Jacques Lacan. Exerce a função de supervisor de trabalhos, na rede pública, voltados ao tratamento de pacientes psicóticos. Responsável pelos Seminários no Instituto de Psiquiatria de Campinas, promovidos pelo Programa de Transtornos Afetivos. Junto à equipe técnica, mantém um trabalho de supervisão dos casos atendidos. Professor colaborador do Laboratório de Psicanálise e Sociedade, sediado na Pós-Graduação da Psicologia Clínica, na Universidade de São Paulo (USP). É membro fundador do grupo de pesquisa sobre Direito e Psicanálise, sediado no Instituto de Direito, Departamento de Pós-Graduação, da Universidade Federal do Paraná. Autor de:* Moda: divina decadência

(Ed. Hacker-CesPUC, São Paulo, 1998); Cadernos do Seminário: Neuroses e Depressão, *v. I e II, publicados pelo Instituto de Psiquiatria de Campinas. Tem artigos publicados no Brasil, França e EUA.*

CADASTRO
ILUMI/URAS

Para receber informações
sobre nossos lançamentos e
promoções envie e-mail para:

cadastro@iluminuras.com.br

Este livro foi composto em *Garamond* pela Iluminuras e terminou de ser impresso em 2019 nas oficinas da *Meta Brasil Gráfica*, em Cotia, SP, em papel off-white, 80 gramas.